JN418127

발행일 2016년 3월 1일 1판1쇄 발행
발행처 도서출판세화
지은이 전인기
펴낸이 박 용
등록일자 1978년 12월 26일 제 1-338호
주소 경기도 파주시 회동길 325-22(서패동 469-2)
편집부 (031)955_9333 영업부 (02)719_3142, (031)955_9331~2
팩스 (02)719_3146, (031)955_9334
웹사이트 www.sehwapub.co.kr

정가 13,000원 ISBN 978-89-317-0837-0 03800

도서출판 세화

머리말

행복을 전하는 사람이 되려면

사람이 일을 하면서 느끼는 행복의 조건이 3가지가 있다고 한다.

첫 번째는 할 일이 있어야 하고, 두 번째는 그 일을 할 때 남들이 나를 인정해 주어야하고, 세 번째는 그 일이 보람 된 일이어야 한다는 것이다.

필자가 학생들에게 왜 공부를 하느냐고 물으면 돈을 벌기 위해서라고 대답을 하는 경우가 많다. 그리고 다시 왜 돈을 벌려 하느냐고 물으면 많은 학생들이 행복해지기 위해서라고 답을 한다.

돈을 벌면 행복해지는 것일까?

최근 대기업에서 일어난 형제의 난, 경제인들의 자살, 전직 최고 통수권자나 고위 관리들의 자살 등이 돈이 없어 불행해져서 생긴 일들인지 한 번 생각해 볼 일이다.

누군가를 위해 할 일이 있어 일을 하고, 또 그 일을 하는 동안 남들이 인정해 주고, 그 일로 인정받으면서 보람을 찾을 수 있고, 그 일로 보람을 찾을 때 행복해질 수 있다고 생각한다.

"남에게 인정받고 존경을 받고자 한다면 먼저 겸손하라" 는 말이 있다.

조선 초 세종대왕 때 우의정을 거쳐 좌의정까지 지낸 맹사성이란 선비가 겸손해짐으로써 행복을 찾은 사례가 있다. 이 이야기를 통해 일을 하면서 남들로부터 어떻게 인정을 받고 어떤 보람된 일로 후세에까지 명망을 떨치게 되었는지 소개하고자 한다.

맹사성은 19세에 장원급제를 하고 20세에 파주 고을 사또로 부임할 만큼 학식은 뛰어났지만 자만심과 교만함으로 가득 차 있었다. 그는 고을에 부임하자마자 선정을 베풀겠다는 마음으로 유명한 고승을 찾아갔다.

"스님! 이 고을을 다스리는 사람으로서 최고로 삼아야 할 덕목은 무엇입니까?"

그러자 스님이 다음과 같이 말씀하셨다.

"그것은 나쁜 일을 하지 않고 착한 일을 많이 하면 됩니다."

이 말을 들은 맹사성은 불같이 화를 내며 자리를 박차고 일어서면서 이렇게 말했다.

"아니, 스님! 제가 그 뻔한 이야기를 들으러 이렇게 먼 곳까지 찾아 온 줄 아십니까?"

그러자 스님은 인자한 미소를 지으며 맹사성의 손을 잡고 녹차나 한 잔 하고 가라면서 잡는다.

마지못해 자리에 앉은 맹사성에게 스님은 찻잔을 하나 내어 주더니 녹차를 따른다. 말없이 찻잔에 차를 따르던 스님은 맹사성의 찻잔에 녹차가 철철 넘치는데도 계속 따른다. 예의에 어긋난 행동을 하는 스님을 보고 맹사성이 잔뜩 불쾌한 기분을 드러내며, "스님! 이게 뭐하는 짓이오?" 하고 격하게 소리를 쳤다.

그러자 스님이 맹사성에게 조용히 이렇게 말씀하셨다.

"찻잔에 차가 넘쳐 방바닥을 적시는 것은 알면서 왜 지식이 넘쳐 자신의 인품을 망치는 것은 모르시오."

맹사성은 스님의 말씀을 듣자 창피하고 부끄러워졌다. 얼굴을 붉히며 급히 방문을 열고 나오려다가 문틀에 머리를 세게 부딪치고 말았다. 그러자 스님이 빙그레 웃으며 말한다.

"고개를 숙이면 부딪치는 법이 없습니다."

그 후로 맹사성은 고개를 숙이는 법을 익히기 위해 매사 자신을 성찰했다. 그리고 겸손하고 청빈하게 살아 청백리의 표상으로 사랑을 받는 조선의 학자가 되었다.

국가 등급은 최상으로 올라가고 있는데 우리 가정사는 힘들어지니 상대적 빈곤감을 느끼고 불행하다고 느끼는 사람이 많다.

북한의 폭정에 꽃제비 생활을 하던 사람들이 남한에 내려와 하는 말이 "따뜻한 쌀밥을 실컷 먹고 싶어 내려왔다"고 이야기를 한다. 그리고 처음 맛본 한국의 라면 맛이 너무 좋아 배탈이 날 정도로 한꺼번에 여러 개를 먹으면서 세상에 이렇게 맛있는 것이 있느냐며 라면 맛에 반한다고 한다. 그런데 그렇게 원하고 원하던 남한에 내려와 쌀밥은 걱정 없이 먹는 그들이 남한에 정착한지 몇 년이 지나지 않아 삶을 포기하는 일까지 발생하는데 그 이유가 무엇일까?

대부분의 사람들은 절대적 빈곤에 있을 때는 살고자 하는 삶의 본능이 살아나 더 악착같이 살려 한다. 반면, 상대적 빈곤에는 허탈감과 무력감이 생겨 오히려 삶의 의욕을 더 많이 잃게 된다는 것이다.

$$\text{행복} = \frac{\text{가진 것}}{\text{원하는 것}}$$

얼굴에 심한 콤플렉스를 갖고 있는 사람이 연예인들이고, 따라서 그들이 성형을 가장 많이 한다고 한다. 또한 지식에 대한 콤플렉스

이런 말을 들으면 어떤 생각이 드는가?

빈곤은 절대적 빈곤보다 상대적 빈곤이 사람을 더 불행하게 하고 무기력하게 만들어 실의에 빠지게 한다는 사실이다. 그 사회적 빈곤의 책임이 사회에 있다고 전가할 수도 있지만, 그보다 중요한 것은 개인의 마음에 달려 있다고 본다.

따라서 괴로운 일이 있을 때는 세상이 나를 괴롭히는 것이 아니라, 내가 나를 괴롭히는 것이라는 사실을 먼저 알아야 한다. 행복하게 살기 위해서는 세상을 바꾸는 것 이상으로 중요한 것이 내 마음을 이해하고 바꾸는 것이다.

내가 모든 것을 내려놓고 내 마음이 쉬면 세상도 쉬는 것이고, 내 마음이 행복하면 세상도 행복하고 매사가 즐거울 수 있을 것이다. 내가 없으면 세상이 없는 것처럼 마음과 세상은 따로따로 존재하는 것이 아니고 늘 함께하는 것이다. 내가 세상을 탓하기 전에 먼저 나를 사랑하고 내 마음을 곱게 가꿀 때 나에게 행복이 다가올 수 있다.

그리고 내가 행복해지기 위해 나를 사랑하고 내 마음을 곱게 가꾸는 것의 시작은 내가 세상에 고개를 숙이고 겸손해질 때부터라는 것을 기억하자. 겸손한 자세로 세상에 인정받을 수 있도록 열심히 일을 하면서 지금 하고 있는 일에서 보람을 찾아보자. 그것이 내가 행복해지는 지름길이며, 세상을 행복하게 만드는 비법이다. 행복을 전하는 사람이 되려면 우선 나 자신부터 행복해져야 한다는 사실을 마음에 새기도록 하자.

목차

PART Ⅰ 행복한 삶을 위하여

PART Ⅱ 나누면 커지는 행복의 비밀

PART Ⅲ 행복의 파랑새는 가까이에

PART Ⅵ 행복은 찾는 것이 아니라 만드는 것

PART Ⅴ 오늘 행복하다면 내일도 행복 지수는 '맑음'

PART Ⅵ 행복을 만드는 지혜

PART Ⅰ

행복한 삶을 위하여

1. 하늘은 스스로 돕는 자를 돕는다

'하늘은 스스로 돕는 자를 돕는다(Heaven helps those who help themselves)' 는 말이 있다. 하늘은 열심히 땀 흘리며 노력하는 사람을 돕는다는 의미도 있지만, 역으로 이야기하면 '하늘은 스스로 돕지 않는 자는 돕지 않는다' 는 의미도 되지 않겠는가?

하늘이 우리를 버리지 않도록 최선을 다하고 하늘의 도움을 청해 보자.

오래전, 방학이라 고향집에 갔을 때의 일이다.

"형님! 여자 친구 좀 소개해 주십시오. 결혼 좀 하게요."

군복에 대위 계급장을 단 후배가 찾아와 하는 이야기였다.

"아니, 내가 자네에게 어떤 여잘 소개해 줘야 하지?"

농담하듯 내가 한 마디 하였다. 그도 그럴 것이 내가 아는 그 후배의 이력은 이러했다.

그가 중학교 3학년 겨울 방학 때 도박을 좋아하던 그의 아버지가 며칠 동안의 도박으로 가산을 모두 탕진한 뒤에 집에 들어오게 되었다. 이후 후배의 아버지가 어머니와 다투다 홧김에 농약을 마시고 돌아가시게 되자, 어머니 역시 "남편 잡아먹은 년이 살아 무엇 하느냐"며 죽은 남편의 뒤를 따르게 되어, 졸지에 후배는 고아가 되었다.

"형님, 그해 겨울은 눈도 참 많이 왔고, 춥기도 몹시 추웠었지요."

그는 자신의 파란만장한 삶을 회상하며 이야기를 시작했다.

"그 당시에 제가 갈 곳이 없어 친척집에서 기거를 하다가 마을을 떠난 것은 형님도 알겁니다. 그 후 집을 나가 이곳저곳을 떠돌다 배가 고프고 추워서 어느 초가의 양지바른 추녀 밑에 쪼그리고 앉아 있는데, 초가집 추녀에 걸린 커다란 고드름이 팥을 넣은 '아이스케키' 처럼 보여, 고드름을 따 먹으며 굶주린 배를 채우고 있었어요.

그런데 어떤 사람이 깡통에 밥을 담고 그 위에 김치를 얹어 가지고 지나가는 게 아니겠어요.

그래서 나도 모르게 먹을 것만 보고 그 사람을 따라가보니 다리 밑의 가마니 문을 열고 움막으로 들어가는 것이었죠. 혹시나 밥 한 숟가락이라도 얻어먹을 수 있을까 하고 구멍 뚫린 가마니 벽 속을 물끄러미 쳐다만 보고 있었어요. 한참을 그러고 있으려니까 안으로 들어오라고 손짓을 하더군요. 홀린 듯이 안으로 들어가 보니 꽁꽁 언 밥 한 덩이와 김치 몇 조각을 주더이다. 사흘을 굶다보니 꽁꽁 언 밥을 깨트려 가며 허겁지겁 먹었습니다. 지금까지 살아오면서 그렇게 맛있는 밥을 먹어 본 일은 없었던 것 같습니다.

밥을 정신없이 먹고 났더니 깡통을 하나 주면서 나에게 밥을 얻어오라는 것이었습니다. 나는 그 곳을 나와 깡통을 버리고 그냥 정처없이 걸었습니다. 하염없이 흐르는 눈물을 닦을 생각도 없이 그냥 걸었습니다. 그래도 중학교까지 졸업한 내가 어떻게 밥을 빌어먹을 수가 있는가? 그것은 도저히 자존심이 허락하지 않았죠. 정신을 차리자고 다짐을 했지만, 당장 잠자리와 끼니조차 해결할 수가 없었어요.

밖은 눈보라가 날리고 바람이 세차게 불어 그런지 사람을 구경할 수가 없었습니다. 그런데 그때 넝마주이 아저씨가 커다란 바구니를 등에 메고 집게를 들고 다니면서 무엇인가를 줍는 모습이 눈에 들어왔어요. 오늘 저 사람을 놓치면 길거리에서 얼어 죽을지 모른다는 절박감에 언 땅에서 철사며 종이, 병 등을 열심히 주워 주었더니 그 넝마주이 아저씨가 이렇게 말했어요.

"너 갈 곳이 없지? 날 따라와라. 재워주고 밥은 줄 테니까."
그래서 구세주를 만난 것처럼 따라 간 곳이 고물상이었습니다.

희망에서 절망으로

고물상은 함석으로 둥글게 군부대 창고처럼 지어졌고, 문은 가마니로 막았으며 바닥엔 멍석을 깔고 짚 검불을 이불 삼아 잠을 자는 그런 곳이었습니다. 그래도 내게 잠자리는 궁궐이요, 시래기죽으로 나오는 식사는 따뜻함과 냄새 그 자체만으로도 진수성찬이었답니다.

넝마주이 아저씨를 따라간 그곳엔 각종 고물들이 산처럼 쌓여 있었어요. 그 고물들을 분리하는 일이 이제 내가 하는 일이 되어버렸죠. 그곳에서 일을 한지 얼마쯤 지난 어느 날, 우연히 밖을 보니까 학생들이 교복에 모자를 쓰고 한 손에 책가방을 들고 의젓하게 학교에 가는 모습이 눈에 들어왔습니다. 순간 나는 한 번도 교복을 입어본 일도 모자를 써본 일도 없는 것 같았고, 물론 학교에 가본 일조차 없는 것처럼 느껴졌습니다.

갑자기 학교에 가고 싶어졌고 어떤 일이 있어도 나도 저 교복을 입고 학교 운동장을 다시 밟아 보아야겠다는 욕심이 생기기 시작했습니다.

그래서 돈을 벌기로 마음먹고 고물상 주인아저씨에게 간청하여 엿목판을 짜고 엿 한 판을 외상으로 얻었습니다. 그걸 등에 지고 커다란 가위를 두 손으로 쩔그럭거리며 길거리로 나섰죠. 제 키가 너무 작아 엿목판을 짊어지고 가는 것이 아니라 끌고 가는 듯 했어요. 이곳저곳을 돌다가 시골 마을에 가서 큰 가위를 쩔그럭거렸더니 꼬마 엿장수가 왔다면서 많은 사람들이 모였습니다. 그 동네 사람들이 모두 엿을 사주어 쉽게 다 팔고 돌아올 수가 있었습니다.

드디어 돈이라는 것을 벌어서 '이제 나도 학교에 갈 수 있겠구나' 하는 마음에 조금씩 희망이 보이는 듯 했습니다. 몇 날 며칠 동안 힘든 줄도 모르고 신이 나서 열심히 팔았습니다. 그러던 어느 날이었습니다. 하루 종일 굶어 가며 몇 푼이라도 더 벌겠다는 생각으로 허기진 배를 움켜쥐고 고물상을 향해 걸어가는데, 갑자기 산모퉁이에서 불량배들이 부르는 것이었어요. 도망을 갈 수도 없는 상황이어서 할 수 없이 그들 앞으로 갔더니, 돈을 다 내놓으라는 것이었습니다. 생명과도 같은 그 돈을 그 누구에게도 줄 수가 없었지요.

'몇 대 때리다 보내주겠지' 하는 생각에 돈을 손에 꼭 쥐고 내놓지 않자, 그들이 사정없이 때리기 시작했습니다. 인정사정없이 휘두르는 발길질과 주먹질에 맞다가 보니 얼마나 맞았는지 그만 의식을 잃었던 것 같습니다. 한참 후에 정신이 들어 눈을 떠보니 밤하늘에 별들이 초롱초롱 빛났습니다. 기운을 내 몸을 움직이려고 하니 손가락과 팔은 부러져 움직일 수가 없었습니다.

그렇게 매를 맞아 의식을 잃으면서도 돈을 빼앗기지 않으려고 주먹을 꼭 쥐고 있었나 봅니다. 그런데 그 잔인한 놈들이 돈을 뺏으려 손가락을 부러뜨리고 돈을 빼앗아 갔던 것 같습니다. 다리는 골절되었고, 온몸도 쑤시고 아파서 도저히 움직일 수 없었습니다. 정신을 똑바로 차리고 엿목판을 찾아보니 다 부서져 여기저기 흩어져 있었습니다. 부서진 엿목판을 모아 끌어안고 울고 또 울고, 얼마나 울었는지 모릅니다. 눈물이 다 마르고, 목이 다 쉬도록 울부짖었습니다. 그 엿목판은 내 생명이고 내 희망이었던 것이었으니까요.

부모님이 돌아가시고 처음으로 부모님을 부르며 원망하였습니다. 너무 힘들고 억울했지요. "어머니……! 아버지……!"

길바닥에 드러누워 목청이 터지도록 어머니, 아버지를 부르고 울다보니 너무 추웠습니다. 얼어 죽지 않기 위해서는 다시 숙소로 가야 한다는 생각이 들어 움직이려 했으나, 움직일 수가 없더군요. 부서진 엿목판을 끌어안고 기고 또 기어서 고물상에 왔더니만, 주인아저씨는 아저씨의 돈을 이제 어떻게 갚을 것이냐며 야단을 치더군요.

만일 부모님이 살아 계셨다면 같이 가슴 아파하셨을 터인데, 주인아저씨가 야단을 치는 것이 더욱 서럽고 야속했습니다. 그래서 그날

따라 부모님 생각이 더욱 간절하였습니다.

야단을 맞고 들어온 곳은 싸늘하고 냉기만이 엄습하는 헛간이었지요. 멍석 위에 누워 검불을 덮고 잠을 청하려 하니 서러움에 한없이 눈물이 흘러 멍석을 흥건히 적셨답니다.

낮에는 엿 장사, 밤에는 학교생활

잠에서 깨고 나니, 고물상 주인아저씨가 군에서 배웠는지 손가락이며, 팔 다리에 부목을 해주어서 3개월 정도 하고 나니까 어린 뼈라 그런지 쉬 붙고 아물어 움직일 수가 있게 되었어요.

몸을 추스르게 되자, 다시 돈을 벌어야겠다는 생각과 함께 불량배들의 얼굴이 선명하게 떠올랐습니다. 그런데 그 불량배들이 무서워 돈 버는 일을 포기한다면, 지난번에 맞은 것이 너무 억울하다는 생각이 들었습니다. 매를 공짜로 맞아서는 안 된다는 생각이 들었던 것이죠. 그 불량배들이 두렵다는 생각보다는 오히려 용기가 생긴 것이지요. 엿 장사를 다시 나갔더니, 그 불량배들이 또 부르는 것이었습니다.

부르는 곳을 향해 당당하게 걸어갔죠. 이젠 두려울 것이 없었습니다. 죽음도 두렵지 않다는 생각이 들고 용기가 생겼습니다. 그들 앞에 당당히 서서 이렇게 이야길 했습니다.

"아직도 날 때릴 것이 더 남아 있습니까? 당신들은 집에 가면 당신을 사랑하는 부모와 형제자매가 있지만, 난 이 세상에 오직 나 혼자 뿐입니다. 난 이젠 죽음도 두렵지 않습니다. 그때 당신들이 나를 때리고 뼈를 부러뜨려 3개월 동안 아무것도 하지 못하고, 학교를 가야겠다는 꿈도 접어야 했습니다. 그러나 이 세상에 난 혼자이고, 날 도와줄 아무도 없기 때문에 나는 무슨 일이 있어도 이 엿을 팔아서 공부를 해서 살아가야 합니다. 그러니 제발 날 도와주십시오. 당신들에게는 심심풀이가 될 수 있는 이 폭력이 내게는 목숨이 달려 있는 일입니다. 도와주십시오."

그들은 한참 동안 내 이야기를 말없이 듣고 서 있다가, 지난번에 나를 때린 것이 미안했는지, 내 어깨를 툭툭 치면서 "열심히 살아라." 이 한마디 말을 남기고는 떠났습니다.

1년 동안 열심히 엿장수를 하면서, 여름이면 그늘 밑에서 수학문제를 풀고 이동을 할 때면 엿목판을 등에 지고 걸어가면서 영어 단어를 외웠습니다. 학교에 가고 싶다는 일념으로 열심히 공부를 했습니다.

그리고 이듬해 야간 고등학교 입학을 하였습니다. 날아갈 듯이 기뻤습니다. 우리나라 재벌 총수도 부럽지 않고 대통령도 부럽지 않았습니다. 합격통지서를 받고 제일 먼저 등록금을 내고 교복을 맞췄습니다. 학교 배지를 단 교복과 모자를 쓰고 울면서 춤을 췄습니다. 그리고 열심히 학교에 다닐 것을 다짐했습니다. 앞으로 살아가면서, '내게 찾아오는 시간에게 손님대접을 잘해 주어서 떠나는 시간이 섭섭하지 않도록 하라' 는 격언을 깊이 새겨 열심히 살아가리라 굳게 다짐을 했던 것입니다.

낮에는 엿 장사, 밤에는 학교생활을 하다보니 시간이 참으로 빠르게 흘러가더군요. 3년이란 세월이 흐른 뒤 졸업을 앞두고 장래를 생각하자니 암담하다는 생각이 들었어요. 어찌해야 하나? 고민을 하던 중, 3사관학교 학생을 모집하는 공고를 보게 되었지요. 3사관학교는 2년제 사관학교로 4년제 사관학교보다는 입학하기가 쉬우면서 합격을 하면 먹여주고 재워주고 가르쳐 줄 뿐만 아니라 학비와 용돈까지 준다는 소리에 내게 필요한 모든 것을 해결해 줄 수 있는 곳이란 생각이 들었습니다.

그 후 그곳을 지원해 합격을 했고 사관학교를 다니면서 방학 동안에도 갈 곳이 없어 학교에 남아 도서관에서 공부만 하다가 졸업을 하게 되었습니다. 소위로 임관이 되어 4년제 공과대학 기계공학과로 편입을 하여 졸업할 때쯤 되니 대위로 승진을 하게 되더군요.

그런데 졸업하자마자 국방부에서 4년제 기계공학과를 나온 자로서 대위 계급을 가진 사람 중 유학생을 뽑는다는 공고가 나온 것입니다. 조건이 딱 맞아 시험을 치른 결과 운 좋게 합격을 했지요. 그런데 기혼자는 가족을 데리고 갈 수가 있다는 거예요. 그래서 결혼을 하고 안정된 가정을 갖고 싶다는 생각이 들어 형님을 찾아온 것이랍니다.

"저 이 정도면 열심히 살았잖아요!"

이야기를 마친 후배의 목소리에는 힘이 들어 있었으나, 볼에는 두 줄기의 눈물이 흐르고 있었다.

난 다시 생각한다.

'하늘은 스스로 돕는 자를 돕는다. 그러나 스스로 돕지 않는 자는 절대 돕지 않는다'는 삶의 교훈을…….

그리고 항상 최선을 다하는 나, 열심히 노력하는 나, 시간에 소홀함이 없는 나는 '내게 찾아오는 시간에게 손님대접을 잘해 주어서 떠나는 시간이 섭섭하지 않도록 하라'는 말을 깊이 명심해야 할 것이다. 하늘을 믿고 두려워하면서…….

Happiness Tip

내게 찾아오는 시간에게 손님대접을 잘해 주어서 떠나는 시간이 섭섭하지 않도록 하라.

무기력함은 저절로 사라지지 않는다

무기력함이나, 사랑합니다

2. 호랑이와 개

발명반에 새롭게 들어온 성재는 매사 자신감이 없다.

대부분 그런 학생의 특징은 가정에 문제가 있다는 생각이 들어 집 안에서 혹시 학대를 받는 것은 아닌가 싶어 조심스럽게 물었다. 그러나 본인은 아니라고 한다. 우연한 기회에 성재 엄마를 만나게 되어 이렇게 물어보았다.

"혹시 집에서 성재를 누가 엄하게 야단을 치나요?"

순간 멈칫하던 성재 엄마는 크게 한숨을 내쉬며 대답하셨다.

"아니, 그것을 어떻게 아셨어요? 우리 성재가 그래요? 우리 성재 아빠가 너무 엄해서 거의 매일 성재가 야단을 맞거든요. 제가 가운데에서 죽을 맛이에요. 선생님, 어떻게 해야 될까요?"

30여 년의 교직 생활 속에서 학생 표정을 보면 느낌으로 그 학생의 집안 분위기를 가늠할 수 있다. 이번에도 역시 그 직감으로 이야기한 것이었다. 그 뒤 성재 엄마와 상담 후 성재의 표정은 점점 밝아졌고, 졸업을 앞두고서는 학교생활에서도 자신감을 보이며 팀의 리더 역할까지 하기 시작했다.

무기력함은 저절로 생기지 않는다

중국의 CCTV에 호랑이와 조련사가 출연했다. 그런데 조련사를 위한 아무런 보호 장치도 보이지 않았다. 보호 장치라면 조련사의 한 손에 들려 있는 그저 가는 채찍뿐이고, 호랑이를 제압할 만한 그 무엇도 들려 있질 않았다.

호랑이와 조련사 사이에서 비상사태가 발생할 수도 있어 긴장감과 두려움에 마른 침을 삼키며 TV를 지켜보는데, 조련사가 갑자기 호랑이의 턱을 손바닥으로 강하게 내려친다. 퍽 소리가 나고 호랑이 턱이 살짝 흔들리나 싶었는데도 호랑이의 표정에는 아무런 변화가 없다. 그저 멍하니 앉아 커다란 눈만 껌벅일 뿐이다.

조련사는 앵커에게 이야길 한다.

"이놈은 이 채찍만 보면 나한테 꼼짝하지 못 합니다. 이 채찍에 길들여져 있거든요."

그 이야기를 들으면서 야생에서 잡아다 길들인다는 코끼리 이야기가 생각이 났다. 어린 코끼리를 잡아와 길들일 때는 굵은 밧줄로 코끼리의 다리를 묶어 큰 나무에 매어 놓는다고 한다. 아기 코끼리는 엄마 코끼리가 있는 숲으로 가기 위해 몸부림을 치고, 그렇게 몸부림치다 보면 묶인 발목에 상처가 생겨, 탈출하기 위해 움직일 때마다 상처에 밧줄이 닿게 되면서 더 큰 통증을 느끼게 된단다.

그 쓰라린 고통이 반복될수록 아기 코끼리는 다리에 쇠사슬이 닿았을 때 움직이면 통증을 느낀다는 것이 학습되어진다. 그래서 아기 코끼리는 쇠사슬이 닿았다는 느낌만 받아도 탈출할 생각을 하지 않는다고 한다. 결국 어미 코끼리가 되었을 때는 가는 사슬로만 묶어 놓아도 어려서부터 학습된 기억에 의해 도망칠 생각조차 하지 않게 된다고 한다.

TV 속의 호랑이는 저렇게 착한(?) 호랑이로 변하기까지 얼마나 많은 매질로 조련이 되었을까. 또한 그로 인해 무기력이 학습되어져 저렇게 야성을 잃어버린 것이 아닐까. 야성과 자신감을 잃은 동물의 제왕 호랑이와 힘의 제왕 코끼리에게 어떻게 야성을 심어 줄 수 있을까.

무기력함이냐, 자신감이냐

한편, 세상에는 자신의 생존을 위해 평생 일을 하지 않으면서도 대접 받고 사는 동물, 애완용 개가 있다. 개는 생존을 위해 일은 하지 않으면서 주인에게 꼬리만 흔들어 주고 반겨 주면서 사랑을 독차지하고 있다.

그런데 그 개의 조련 과정을 보면, 호랑이의 조련과 달리 조련사의 명령에 조금만 반응을 보여도 조련사는 먹이를 주고 안아 주며 칭찬으로 보상을 한다. 이처럼 개의 조련 방법은 TV에서 보았던 호랑이의 조련 방법과 많은 차이가 있다.

무서운 학대 속에 조련된 호랑이는 채찍과 쇠꼬챙이가 두려워 자신의 개성을 잃어버리고 무늬만 호랑이로 남아 있지만, 칭찬으로 조련된 애완용 개는 특유의 개성과 애교스러움을 뽐내며 주인에게 사랑을 받는다.

이와 마찬가지로, 비난과 학대 속에서 자란 아이는 개성 잃은 호랑이처럼 무기력이 학습되어질 수 있다. 그렇지만 칭찬을 받고 성장한 아이는 개성을 잃지 않고 자신감이 학습되어질 것이다.

우리는 이 이야기를 통해 내가 키우고 있는 자녀나, 내가 가르치는 제자를 어떻게 교육을 시켜야 하는지 다시 한 번 생각해 봐야 할 것이다. 우리는 지금 아이들에게 무기력을 학습시키고 있는가, 아니면 자신감을 채워주고 있는가. 스스로에게 물어보기 바란다. 만일 무기력 쪽이라면 지금이라도 늦지 않았다. 이제부터라도 야단을 치기보다는 칭찬을 선택하라.

Happiness Tip

비난과 학대 속에서 자란 아이는
개성 잃은 호랑이처럼 무기력이 학습되어질 수 있다.
그렇지만 칭찬을 받고 성장한 아이는
개성을 잃지 않고 자신감이 학습되어질 것이다.

어느 영어 선생님의 '굿모닝' 이야기

물고기를 위한 [illegible]

3. 낚시꾼은 왜 지렁이를 가지고 다니는가?

35년간의 교직 생활을 마치고 그동안 학교에서 있었던 일들을 회상하다 보면 만감이 교차한다. 필자가 고교 시절에 영어 선생님께서 들려줬던 이야기가 떠오른다.

당시 우리나라의 남자 중·고등학교 등교시간 풍경은 규율부 선배들이 교모를 눌러 쓴 채 유격대 조교처럼 눈은 감춰 알 수 없는 표정으로 열중쉬어를 하고 등교하는 후배들을 늘 노려보고 있었다. 그리고 그 규율부 옆의 게시판 뒤에는 몇 자루의 몽둥이가 세워져 있었고, 교칙을 조금이라도 위반한 학생들은 그 상황을 보고 학교에 가는 것조차 겁을 먹었던 그런 시절이었다.

따라서 등교할 때 교칙을 위반한 사항이 있으면 게시판 뒤로 끌려가 규율부로부터 엉덩이를 몇 대씩 맞고 하루를 시작하는 것이 하나도 이상하지 않았다. 그러던 어느 날, 몇몇 친구들과 함께 교칙을 위반했다는 이유로 교문에서 불러 세워졌다. 선배들로부터 엉덩이에

먼지가 날리도록 맞고, 교실에서 담임선생님께 다시 몽둥이로 엉덩이에 불이 나도록 얻어맞은 채 꿀꿀하게 하루를 시작하게 되었다.

어느 영어 선생님의 '굿모닝' 이야기

그런데 어디서 이야기를 들었는지 우리를 잘 이해해주고 따뜻하게 대해 주셨던 스마트한 영어 선생님께서 우리를 불러 놓고 말씀을 시작했다.

"애들아! 우리나라 교육 문화와 미국의 교육 문화가 어떻게 다른지 이야기 좀 해 줄까?"

그러고 나서는 우리를 지그시 바라보면서 말씀을 이어가셨다.

"오늘 너희들이 접한 것이 대표적인 우리 대한민국 학생지도 교육문화의 사례란다. 학교에 등교하면서부터 엉덩이 몇 대씩 맞고 공부를 시작하는 것, 엉덩이를 학교에 저당 잡혀 내 것인데도 내 맘대로 못하는 이것이 대한민국의 교육문화라 할 수 있지. 또 그렇게 맞지 않고 수업을 시작하면 왠지 불안해 수업이 안 되는 것이 현실이고……. 내 말이 맞지?”

선생님은 잠시 말씀을 끊었다가 우리 얼굴을 찬찬히 들여다보시면서 다시 말문을 열었다.

“그런데 말이다. 미국은 우리처럼 교문에서 선배들이 몽둥이를 들고 매의 눈으로 등교하는 학생들을 째려보지도 않고, 몽둥이로 때리지 않고도 오히려 학생들을 올바르게 더 잘 이끌어가지. 그 비결이 뭔지 아니? 교장 선생님께서 스쿨버스에서 내리는 학생들 한 사람 한 사람에게 ‘굿모닝!’ 하고 인사를 하며 맞아 주시고, 학생들이 교실에 들어오면 담임선생님 역시 학생들의 머리를 쓰다듬으며 또 ‘굿모닝’ 하고 아침인사를 먼저 건네면서 안아 준단다. 지금의 우리나라 현실이 조금은 힘들겠지만 너희들이 학교를 졸업하고 밖에 나가 이 사회의 주인이 되는 그날, 너희들이 우리 교육 문화를 바꿀 수 있도록 노력해 보렴.”

물고기를 위한 지렁이

선생님의 말씀에 가슴 속까지 배어 들어오는 온기를 느끼며, 이런 각오를 다졌던 그 당시의 기억이 떠오른다.

'그래, 내가 교직에서 학생들을 가르치는 선생님이 된다면 정말 따뜻하게 배려하고 편애하지 않는 선생님이 될 거야.'

이런 다짐이 과연 내가 교직에 들어와서 지켜졌을까. 요즘 많이 변한 학교 현장에 교사들은 적응하기 힘들어 한다. 무조건적인 체벌금지에 무질서해져 가는 학교 현장을 보면서, 교육의 다양성을 추구하기 위해서는 한없이 부드러운 선생님도 있는 반면에, 엄하고 무서운 선생님도 존재해야 한다는 이유로 학생들에게 한때 엄하게 했던 지난 일들이 부끄러워진다. 정년을 마치고서 옛날 영어 선생님의 말씀이 떠오르는 이유는 무슨 연유에서일까.

내가 요즘 대학에서 학생들에게 인간 관계론을 강의할 때마다 제일 먼저 물어보는 말이 있다. '낚시꾼이 낚시를 갈 때 무엇을 가지고 가는가?' 하는 질문이다. 낚시꾼이 낚시를 갈 때 왜 지렁이를 꼭꼭 챙겨 가지고 갈까? 낚시꾼들이 지렁이를 좋아하지는 않는데도 말이다. 왜?

학생들의 대답은 당연히 고기를 잡기 위해서이고, 물고기가 지렁이를 좋아하기 때문이라고 말한다. 그러나 이 아무것도 아닌 진리를 깨우치는데 나는 무려 30년이나 걸렸다. 교직을 떠난 지금에서야 깨우친 내가 너무 부끄럽게 느껴진다. 이제부터라도 늘 지렁이를 준비하고 다니는 사람이 되어야겠다. 세상을 위한 지렁이를……. 내가 아닌 남을 위한 지렁이를 말이다.

Happiness Tip

낚시꾼은 자신이 아니라 물고기를 위해서 지렁이를 가지고 다닌다.
무언가를 얻고 싶다면 상대방이 좋아하는 '지렁이'를 준비해야 한다.

피그말리온 효과와 낙인 효과의 사례

지금 야단을 맞고 있는 그 아이는
어제까지만 해도 당신을 믿었던 아이다

4. 내 자녀에게 피그말리온 효과를 심어주자

피그말리온의 유래를 찾아보면 그리스 신화 속에 있다. 그리스 신화에 등장하는 키프로스의 왕 피그말리온은 여성들의 결점을 너무 많이 알고 있었기 때문에 여성을 혐오했다고 한다. 그래서 그는 결혼을 하지 않고 한 평생 독신으로 살 것을 결심한다.

그러나 혼자라는 외로움과 여성에 대한 그리움이 생겨 그는 자신의 이상에 맞는 아무런 결점이 없는 완벽하고 아름다운 여인을 조각하여 함께 지내기로 한다. 그는 자신이 만든 조각상에게 옷을 입히고 목걸이를 걸어주며 매일 어루만지고 보듬어 주며 마치 자신의 아내인 것처럼 대하며 온갖 정성을 다했다.

어느 날, 아프로디테 제전에서 일을 마친 피그말리온은 신들에게 자신의 조각상과 같은 여인을 아내로 맞이하도록 해달라고 기원한다. 아프로디테 여신은 피그말리온의 사랑에 감동하여 조각상을 사람으로 환생시켜 주었다는 이야기가 그리스 신화에 나온다.

피그말리온 효과(Pygmalion effect)는 다른 사람의 기대와 관심으로 인해 능률이 오르거나 결과가 좋아지는 현상이다. 다시 말하면, 다른 사람에 대한 사람들의 믿음이나 기대 예측이 그 대상에게 영향을 미쳐 그대로 실현되는 현상을 말하는 것이다. 다른 사람에 대해 긍정적으로 기대하면 상대방은 그 기대에 부응하기 위해 노력하면서 결과적으로는 기대에 충족되는 결과가 나오는 것이다.

그렇다면 피그말리온 효과의 반대는 무엇이 있을까?

어느 아빠가 자신의 아들을 바라보면서 아침에 일어나 세수하는 아이에게 고양이 세수한다고 지적하고, 옷을 입는 아이를 보며 꾸물거린다고 꾸중하고, 옷을 함부로 벗어 던져 놓는다고 큰소리치고, 떠들며 밥 먹는다고 야단치고, 눈치 본다고 잔소리를 한다.

심지어 "학교에 다녀오겠습니다."하고 인사를 하는 아이에게조차 "어깨 좀 펴고 비실대지 말고 다녀!"라며 사사건건 잘못을 지적하고, 꾸중하고, 큰소리치고, 잔소리하며, 야단을 친다. 그리고 이것은 이래서 안 되고, 저것은 저래서 안 된다고 하면 아이는 어찌되겠는가?

결국 아이는 주눅이 들고 자신감을 잃어 무슨 일을 하려 해도 스스로 나는 할 수 없다는 생각을 하게 된다. 결국 그 아이는 일을 포기하거나 그르치게 된다. 바로 낙인효과다. 낙인 효과를 스티그마 효과(stigma effect)라고도 하는데, 스티그마 효과란 다른 사람들에게 무시당하고 부정적인 낙인이 찍히면 하는 짓이나 몸가짐이 나쁜 쪽으로 변해 가는 현상을 말한다.

피그말리온 효과와 낙인 효과의 사례

피그말리온 효과의 연구를 보면, 1968년 하버드 대학교 사회심리학과 교수였던 로젠탈 교수의 실험이 그 대표적인 사례다.

미국 샌프란시스코의 한 초등학교에 다니는 전교생을 대상으로 지능검사를 했다. 그리고 지능검사 결과와 상관없이 무작위로 한 반에서 20퍼센트 정도의 학생을 뽑아 그 학생들의 명단을 교사에게 주면서 이 학생들이 '지적 능력이나 학업성취의 향상 가능성이 높은 학생들' 이라고 믿게 하였다. 그리고 8개월 후 이전과 같은 지능검사를 다시 실시한 결과, 정말 놀랍게도 8개월 전 명단에 뽑은 20퍼센트 정도의 학생들이 나머지 80퍼센트의 학생들보다 점수가 높게 나왔고 학교 성적도 크게 향상되었다.

즉, 명단에 오른 학생들에 대한 교사의 기대와 격려가 중요한 요인으로 작용했던 것이다. 결과적으로, 이 연구는 교사가 학생에게 거는 기대가 실제로 학생의 성적 향상에 큰 영향을 미친다는 것을 입증하게 된 것이다.

반면, 낙인 효과의 실제 사례를 소개하자면 내가 운영했던 발명반의 한 학생 이야기를 안 할 수가 없다. 똑똑한 학생이었는데 이상하게 일을 시키면 다른 학생들의 눈치를 심하게 보는 것이었다. 또 일을 할 때마다 머뭇거리고 발표를 시키면 발표를 못하고 자신감이 없어하기에 그 학생에게 관심을 갖게 되었다.

결국 그 학생의 아버지가 사사건건 간섭하고 야단치고 잔소리를 한다는 사실을 알게 되었다. 급기야 그 학생의 학부모와 상담을 하게 되었고, 나는 가정에서 꾸중보다는 칭찬을 많이 해주라고 조언을 해주었다. 그 후부터 그 학생은 자신감을 조금 회복해가는 듯 보였다. 그러나 여전히 다른 아이들에 비해 자신감이 부족하고 자신의 일을 하면서도 남의 눈치를 보면서 당황해 하는 모습이 남아 있었다. 그런 모습을 볼 때마다 안타까운 마음이 들었다. 오랜 시간동안 낙인된 효과가 단번에 사라지진 않았던 것이다.

우리는 '피그말리온 효과' 를 사용하고 있는지, 아니면 '낙인 효과' 를 사용하고 있는지 생각하면서 살아야 할 것이다.

학생들에게 긍정적인 말로 격려하고 칭찬할 경우 그 시너지 효과가 몇 배로 상승할 수 있다. 하지만 너는 안 된다고 지적하면서 다른 학생과 비교하고, 꾸중만 한다면 그에게는 '낙인 효과' 가 상승되어 모든 일에 자신감을 잃어버리게 될 것이다.

만일 칭찬할 것이 하나도 없다면 당신의 눈높이를 낮추어라. 의식적으로라도 '피그말리온 효과'를 사용해 보자. 일회성이 아니라 지속적인 인내심을 가지고…….

지금 야단을 맞고 있는 그 아이는 어제까지만 해도 당신을 믿었던 아이다

대부분의 사람들이 아이를 잘되게 하려고, 훌륭한 사람으로 키우려고, 그리고 아이를 사랑하기 때문에 야단치고 꾸중하고 잔소리를 하는 거라고 변명을 하고 자신을 합리화한다. 그러는 동안 우리 아이들은 주눅이 들고 자존감과 자신감을 잃어 자율적이지 못하고 피동적인 학생으로 다른 사람의 눈치를 보며 자라게 된다는 사실에 주목하자.

지금 당신 눈앞에서 야단을 맞고, 꾸중을 듣고, 주눅이 들어 있는 그 아이는 어제까지만 해도 당신을 완전히 믿고 당신에게 모든 것을 의지한 채 당신의 어깨에 머리를 기대고 당신 품에 안겨 곤하게 잠을 자고 당신 앞에서 재롱을 떨던 아이이다.

당신은 당신의 욕심으로, 당신의 아이를, 당신의 눈높이에 맞춰, 당신의 아이에게 너무나 많은 것을 요구하고 있는 것은 아닌지 생각해보아야 한다.

그리고 피그말리온 효과를 주지 못하고 낙인 효과를 주었다면 아이에게 진정으로 사과하자. "아들아! 아빠가 미안하다. 너한테 너무 까다롭게 대해서."

이렇게 미안하다는 말을 진심으로 전해 주자. 내가 사랑하는 아이의 작은 가슴에 생긴 큰 상처가 치유되어 낙인 효과가 사라질 때까지……. 그리고 지금부터 내 아이를 믿어 주고 격려해주자. "아들아! 사랑한다!"고 외치면서.

'인간은 보이는 대로 대접하면 결국 그보다 못한 사람을 만들지만, 잠재력대로 대접하면 그보다 큰 사람이 된다'고 독일의 대문호 괴테는 이야기 했다. 우리 아이들을 큰 사람으로 만들려면 지금부터라도 그 아이의 잠재력에 주목하자. 그리고 칭찬에 인색하지 말자.

Happiness Tip

인간은 보이는 대로 대접하면 결국 그보다 못한 사람을 만들지만,
잠재력대로 대접하면 그보다 큰 사람이 된다.

5. 내가 한 만큼 내게 온다

여성들이 제일 듣고 싶어 하는 이야기가 무엇일까?

어느 단체에서 주부들이 듣고 싶은 이야기가 무엇인지 설문 조사를 한 일이 있었다. 많은 남자들은 당연히 '사랑한다' 또는 '예쁘다'는 말을 좋아할 것이라 생각하고 있었는데, 설문 조사 결과 뜻밖에도 여성들은 사랑한다는 말보다 '당신 맘을 알아준다'는 말을 좋아하는 것으로 나왔단다.

많은 주부들은 그렇게 듣고 싶어 하던 사랑한다는 말이나 예쁘다는 말에 감동하기보다 "당신 고생하고 힘들다는 걸 내가 다 알아. 나중에 내가 모두 보상해 줄게. 고마워"라고 하는 남편의 말에 감동의 눈물을 흘린다고 한다.

왜 알아준다는 말에 눈물을 흘릴까?

사랑한다는 말이나 예쁘다는 말은 그 말을 하는 사람이 중심이 되어 하는 말이지만, 알아준다는 내용의 말은 상대를 배려하는 마음이 포함되어 있기 때문이 아닐까 싶다.

어느 단체에서 강의를 하던 강사가 강의를 듣는 주부들에게 숙제를 냈다.

"어머님들! 오늘 제가 내 드리는 숙제를 해 오셔서 발표를 해야 내일 수업이 진행됩니다. 내일까지 해 오셔야 할 숙제는 '남편에게 자신의 단점 3가지를 써 달라' 고 해 가지고 와서 발표하는 것입니다. 미화하려 하지 말고 남편을 회유하여 거짓으로 쓰거나 하면 절대 안 됩니다. 남편의 눈에 비춰진 어머님들의 모습을 있는 그대로 써서 가지고 오셔야 수업이 바르게 진행될 수 있습니다."

여기저기서 어머님들이 말도 안 되는 숙제라며 아우성들이다. 그래도 강사 선생님의 말씀은 단호하고 변함이 없다.

"여보, 나 숙제 있어요"

숙제를 가지고 집에 온 창민이 엄마는 자신의 단점과 치부를 다 알고 있는 남편에게 숙제를 해 달라고 이야기하기가 너무 자존심이 상했다. 그러나 안 할 수도 없는 입장이라 어쩔 수 없이 남편에게 숙제를 내밀었다.

"여보, 나 숙제 있어요. 내일까지 나의 단점 3가지를 써가지고 오라는 숙제야. 빨리 써서 줘요."

남편이 아내 얼굴을 힐끗 보면서 퉁명스럽게 말한다.

"아니, 당신이 써 가면 될 것을 왜 내게 써 달라는 거지?"

사소한 부탁도 시원하게 안 들어주는 남편에게 화가 나지만, 잠시 억누르면서 아내는 그래도 다시 한 번 청한다.

"꼭 남편에게 받아 오래요."

아내의 이 말이 떨어지자마자, 남편의 얼굴이 갑자기 고소해죽겠다는 표정으로 밝아진다.

'너, 참 잘 걸렸다. 그렇지 않아도 그동안 네 단점을 내가 쏟아 붓고 싶었는데…….'

마치 마음속으로 이런 생각이라도 하는 듯이 히죽거리는 남편의 표정에 아내는 너무 자존심이 상해 다시 한 번 큰소리로 신경질을 내며 외쳤다.

"그만 이죽거리고 빨리 써서 줘요!"

남편은 그러거나 말거나 그저 얼굴에 환한 미소를 띠고 알았다며 생각 좀 해 보고 내일까지 해주겠단다. 남편이 자신의 치부를 비웃으며 즐기는 것 같아 창피하기도 하고, 짜증이 나기도 해 신경질적으로 야단을 치듯 아내는 앙칼지게 쏘아붙였다.

"내 단점 다 알면서 뭘 생각한다고 하는 거예요. 시간 끌지 말고 빨리 써서 줘요."

그래도 남편은 능청스럽게 여유를 부린다. 아침에 써주겠다는 남편을 더 몰아세울 수 없어 그냥 하룻밤을 보냈다. 드디어 아침이 되자 출근 전에 빨리 써 달라고 재촉을 했다. 남편은 숙제할 생각은 하지 않고 아침운동을 다녀 온 후에 써주겠다며 또 웃으며 휑하니 나가버린다. 아내는 그러는 남편이 자신을 비아냥거리는 것 같아 한없이 얄미워진다.

남편이 말해준 창민이 엄마의 단점

강의실에 40여 명의 엄마들이 어제의 숙제를 들고 와 떠들썩하다. 그리고 한 명씩 자신의 단점을 써준 남편의 이야기들을 읽으며 웃고 고함을 지르며 야단이다. 모든 엄마들이 다 발표를 하고, 마지막으로 창민이 엄마만 남아 발표할 차례가 되었다.

얼굴을 붉히며 숙제가 든 가방을 들고 단상에 올라온 창민이 엄마는 조용히 가방 안에서 3송이의 꽃을 내놓고 이야기를 시작한다.

"이 첫 번째 꽃송이는 내가 이 세상에 태어나 줘서 감사하다고 남편이 준 선물이고, 이 두 번째 꽃송이는 내가 남편과 결혼해 주어 감사하다는 꽃송이고, 이 세 번째 꽃송이는 내가 앞으로 남편과 살아줄 것에 대한 고마움으로 내게 주는 꽃송이라고 남편이 준 선물입니다. 그리고 내 남편은 지금 이대로의 내 모든 것을 사랑한다고 했습니다."

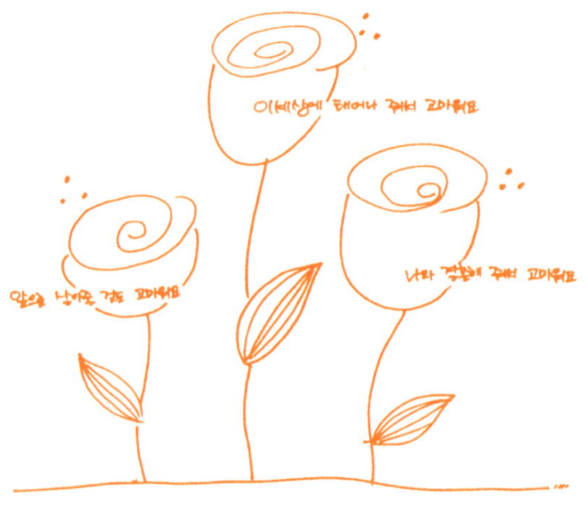

창민이 엄마는 발표를 마치고 얼굴을 붉히며 자리에 돌아왔고, 강의실은 비명과 환호성으로 난리가 났다.

그날 다른 엄마들의 집에서는 어떤 일들이 벌어졌겠는가?

대부분의 집에서는 누구는 단점을 써달라고 했더니 남편이 꽃 3송이를 주면서 지금 이대로 사랑한다는 말을 하는데, 당신은 뭐 그리 잘났다고 내 단점을 그렇게 적나라하게 써댔느냐며 부부 싸움을 하였을 게 불 보듯 뻔할 것이다.

하지만 창민이 엄마는 일찍 집에 돌아와 남편이 가장 좋아하는 음식을 준비하고, 예쁘게 화장을 하고, 남편 퇴근시간에 맞춰 문 앞에서 기다리다 남편을 황제처럼 맞았다는 이야기다.

내가 대접 받길 원한다면 남을 먼저 대접하고, 남에게서 좋은 말을 듣길 원한다면 먼저 좋은 말을 건네라. 우리 속담에 가는 말이 고와야 오는 말이 곱다는 말은, 그냥 속담이 아니라 생활의 바른 이정표라는 사실을 다시 한 번 음미해 보자.

Happiness Tip

내가 대접 받길 원한다면 남을 먼저 대접하고,
남에게서 좋은 말을 듣길 원한다면 먼저 좋은 말을 건네라.

발상의 전환, 방해꾼을 발명으로 이끌다

미친놈이라고 손가락질 받아도
마이 웨이로 돈방석에 오르다

6. 화풀이가 세계적인 발명품을 창조하다

어린 시절, 들에서 일을 하다가 주전자 뚜껑에 물을 따라 마셨던 기억이 있다. 그런데 주전자 뚜껑에 구멍이 뚫려 있어 물을 마실 때마다 흘릴까봐 신경이 쓰였었다. 그래서 '누가, 왜 주전자 뚜껑에 구멍을 뚫었을까?' 하는 궁금증도 생겼었다.

세상에는 작은 구멍 하나로 성공한 사람들이 있다.

라이터에 구멍을 뚫어 라이터의 수명을 두 배로 늘려 세상의 돈을 긁어모은 사람, 각설탕 봉지에 구멍을 뚫어 100만 불을 얻은 사람, 우표에 구멍을 낸 아처. 모두 구멍을 뚫어서 부와 명예를 한꺼번에 얻은 사람들이다.

액체의 물이 끓어 기체인 수증기가 되면 부피가 무려 약 2천 배로 증가하게 된다. 주전자에 물을 끓일 때 주전자 뚜껑이 계속 덜컹거리며 요란한 소리를 낸다. 그 이유는 폭발적으로 증가한 수증기가 좁은 주전자 속에서 밖으로 빠져 나가려 몸부림치는 소리인 것이다.

그 소리를 잡기 위해 덜컹거리는 주전자 뚜껑에 작은 구멍 하나를 뚫어 엄청난 부를 얻은 일본의 후쿠이에라는 사람이 있다. 후쿠이에는 샐러리맨으로 열심히 일을 하면서 평범하게 살고 있었다.

비바람이 불던 어느 날, 후쿠이에는 회사에서 감기 몸살로 몸이 아파 조퇴를 하고 집으로 돌아와 앓아눕게 되었다. 그런데 몸이 너무 아파 다음날도 출근을 할 수 없었다. 웬만하면 털고 일어나 출근하고 싶었지만, 도저히 일어날 수가 없었다. '병이 더 악화되기 전에 하루쯤 푹 쉬어야겠다' 라고 생각한 후쿠이에는 그대로 드러누워 있었다.

발상의 전환, 방해꾼을 발명으로 이끌다

참고로 일본의 방은 다다미로 되어 있어 우리 온돌과는 달리 방에 난로를 피워 난방을 한다. 누워 있는 후쿠이에 옆에는 따뜻한 난로가 있고, 그 위에는 물이 담긴 주전자가 있었다. 앓는 소리를 내며 누워 있던 후쿠이에는 자신도 모르게 순간 잠에 빠져 들었다

그런데 계속해서 덜컹, 덜컹거리는 소리가 들려 깨어보니, 주전자 속의 물이 끓으면서 주전자 뚜껑이 들썩거리는 소리였다. 시간이 지날수록 덜컹거리는 소리는 더욱 심해져 갔다. 방안이 건조하여서 주전자를 올려놓기는 했는데, 뚜껑의 덜컹거리는 소리 때문에 잠을 제대로 잘 수가 없었다. 후쿠이에는 화가 치밀어 올랐다. '오랜만에 좀

쉬고 싶은데 왜 자꾸 내 잠을 방해하지……' 이런 마음이 들면서 주전자 뚜껑의 소리 때문에 자꾸 신경이 쓰였다.

'그렇다고 뚜껑을 열어놓을 수도 없고………, 에라 모르겠다, 뚜껑을 열고 잘까' 하는 생각이 드는 순간, 섬광처럼 한 가지 아이디어가 스쳐갔다.

'아! 그렇게 하면……?'

평소에 구멍 뚫는 발명에 관심을 갖고 있던 후쿠이에의 머리에 스치는 생각은 주전자 뚜껑에 구멍을 뚫는다면 어떻게 될까 하는 것이었다. 그때, 후쿠이에는 "그래, 바로 이거야!" 감탄을 하며 무릎을 탁 쳤다.

송곳을 집어 들고 주전자 뚜껑을 내리 찍어 뚜껑에 구멍을 뚫었다. 그리고 주전자 뚜껑을 닫자 신기하게도 주전자의 뚜껑이 들썩거리지도 않고 시끄러운 소리도 멈췄다. 주전자 속의 물은 계속 끓고 있었지만, 덜컹거리는 소리는 더 이상 들리지 않았다.

특허청을 찾은 후쿠이에는 '구멍 뚫린 주전자 뚜껑'의 실용신안 출원을 마치게 되었다. 이 소식이 알려지자 주전자 공장은 물론 냄비 공장에서까지 후쿠이에를 찾아왔다.

"후쿠이에씨, 로열티를 지불하겠으니 저희들에게 그 권리를 양도해 주십시오."

그들은 한결같이 후쿠이에에게 권리를 양도해 달라고 사정했다. 후쿠이에로서는 거절할 이유가 없었다. 그는 로열티를 받는 조건으로 계약을 체결했다. 시간이 지날수록 구멍 뚫린 뚜껑은 그 인기가 상승했고, 그에 따라 후쿠이에의 수입 또한 늘어갔다. 무심코 지나치기 쉬운 작은 발명이 후쿠이에의 삶을 변화시켰다. 결국 후쿠이에는 주전자 뚜껑 하나를 뚫고 평범한 샐러리맨에서 당대 최고의 부자로 성공하게 되었다.

미친놈이라고 손가락질 받아도 마이 웨이로 돈방석에 오르다

후쿠이에의 소식을 전해들은 오노라는 일본인은 자기도 구멍 하나로 발명을 해 보겠다고 결심했다. 그래서 송곳 하나를 가지고 다니면서 이것저것 눈에 보이는 대로 구멍을 뚫고 다니기 시작했다. 장롱, 물통, 주전자 등 닥치는 대로 정신없이 구멍을 뚫었다. 그러나 생각 없이 무모하게 하는 짓이 성공할 리 없었다.

그를 보는 사람들이 미친놈이라고 손가락질을 시작하자 오노의 부모도 야단을 치며 더 이상 구멍을 뚫지 말라며 잔소리를 시작했다. 어느 날 잔소리를 심하게 들은 오노는 크게 상심한 나머지 집에서 나와 공원 바닥에 주저앉아 있었다. 거기서 담배를 한 대 입에 물고 라이터로 불을 붙이는 순간, 라이터의 불꽃이 앞 머리카락을 그슬렸다. 당시 라이터는 불꽃 옆에 구멍이 뚫리지 않아 가스가 위로 솟아나온 다음 산소와 만나다 보니 불꽃이 위에서 맺히게 되어 있었다.

그슬린 머리카락을 본 순간 오노는 '이 라이터에 구멍을 뚫어보면 어떨까?' 하는 생각이 들었다. 대성공이었다! 라이터의 불구멍 옆구리에 구멍을 뚫어보니, 평소 열흘 정도 가던 연료가 세 배로 더 오래 갔다. 뿐만 아니라 불완전 연소로 인해 불꽃이 머리 위까지 올라와서 간혹 머리를 그슬리던 것이 그 구멍 하나로 완전히 해결이 되었다. 불꽃은 안정적이고 불꽃의 크기도 맘대로 조절할 수가 있으며, 완전 연소가 되어 가스가 절약되어 일회용 라이터의 수명이 훨씬 길어진 것이다.

이 아이디어 라이터는 특허출원을 하자 외국 수입업자로부터 단번에 50만 개의 주문을 받는 등 크게 히트를 쳐 그 역시 돈방석에 올라앉았다.

관심은 발명을 낳고 발명은 삶을 변화 시킬 수 있다. 관심은 사랑이다. 주변을 사랑하려면 관심을 가져야 한다. 행복한 세상을 위해 관심을 갖고 발명에 도전해 보자.

Happiness Tip

무심코 지나치기 쉬운 사소한 관찰이 삶을 변화시킨다.

자존심의 모자가 벗겨질까봐

돌고 도는 것이 인생이다

7. 이 또한 지나가리라

이 또한 지나가리라(This, too, shall pass away.). 이 명언은 구약성경에 나오는 인물들에 대해 전해 내려오는 이야기들을 담은 유대인의 성경주석인 미드라쉬(성서를 해석한 이야기나 전설, 우화)에 나오는 이야기로, 유대인들이 항상 즐겨 읽는 구절이다. 그들은 나치 학살 때에도 이 구절을 읽으며 그 어려움을 견디고 이겨 낼 수가 있었다고 한다.

이 이야기가 만들어진 사연은 이렇다. 전쟁에서 승리한 다윗왕은 스스로 승리의 기쁨을 오랫동안 기억할 수 있는 반지를 만들기로 생각하고, 보석 세공사를 불러 다음과 같은 명령을 내렸다.

"반지를 만들되 거기에 내가 큰 승리를 거두어 기쁨을 억제하지 못할 때 그 글귀를 보고 기쁨을 조절할 수 있고, 동시에 내가 절망에 빠져 있을 때는 그 글귀를 보고 용기를 낼 수 있는 글귀를 새겨야 한다."

보석 세공사는 왕의 명령대로 매우 아름다운 반지를 만들었으나, 무슨 글귀를 새겨야 할지 몰라 몇 날 며칠을 고민하였다. 그렇지만 반지에 넣을 적당한 글귀는 좀처럼 생각나지 않았다. 그는 여러 날을 고민하다가 지혜롭기로 소문난 솔로몬 왕자를 찾아가 반지에 대한 고민을 털어 놓게 되었다. 보석 세공사의 설명을 들은 솔로몬 왕자는 잠시 망설이다가 세공사에게 다음과 같이 일러주었다.

"반지에 이렇게 쓰십시오. '이 또한 지나가리라.' 폐하께서 승리의 순간에 이 글을 보시면 자만심을 가라앉히게 될 것이고, 절망의 순간에 이것을 보신다면 곧 용기를 얻게 될 것입니다."

보석 세공사가 반지에 '이 또한 지나가리라!' 이 글귀를 써 왕에게 바치자 왕은 크게 기뻐하며 큰 상을 내렸다고 한다.

자존심의 모자가 벗겨질까봐

필자는 평범하지 않고 굴곡이 심한 다양한 삶을 살았다.

『누구나 공감하는 세상과 만나는 지혜』에서 암 투병 과정을 이야기 했듯이 시한부 생명으로 살아보기도 했고, 중등학교에 근무하면서 공모 교장에 선발되어 교장으로 발령이 났다가 알지 못할 힘에

평교사로 다시 돌아와야 했던 아픔이 있었다. 표면적인 이유는 공모 교장들이 제출하는 학교운영계획서 제출 서류 30페이지 중 일부 4 페이지를 표절했다는 것이었다.

물론 모두 창의적인 아이디어로 학교를 경영할 수 있으면 좋겠지만, 학교 경영이라는 것은 창의적인 것으로 시범운영 해보는 것만이 능사가 아니라 잘한 것은 모방해서 따라하는 것도 올바른 학교 경영 방법이라 생각했던 것이다. 그래서 다른 사람들이 추천해 주는 학교 경영계획서 일부를 참고했던 것이다.

암에 걸려 시한부로 살면서도 그래도 나는 죽지 않을 것이라는 무모한 자신감의 희망이 있어 그랬는지, 교장에서 평교사로 밀려 날 때의 고통보다 덜 했던 것 같다. 지금 생각해 보면 그 이유가 자존심의 문제가 아니었나 싶다.

자존심은 머리에 쓴 모자와 같은데, 머리에 자존심의 모자를 쓰고 옥상에서 뛰어 내릴 때 자존심의 모자에 신경을 쓰지 않고 착지 자세만 신경 쓰면 문제가 생기지 않는다. 하지만 대부분의 사람들은 자존심의 모자가 벗겨질까봐 자존심의 모자에 신경을 쓰다가 다치거나 목숨을 잃게 된다고 한다.

필자가 시한부 생명으로 살 때보다 교장에서 평교사로 내려올 때 심정이 그래서 더 괴로웠지 않았나 싶다. 그러나 그때 그 상황을 이기고 벗어날 수 있었던 것은 늘 잠재의식 속에 자리 잡고 있던 '이 또한 지나가리라!' 는 명언에 대한 믿음 덕분이었다.

지금 대학을 졸업하고 정규직 취업을 하지 못하고 있는 젊은이나, 대학시험에 낙방한 젊은이나 노후 대책을 세우지 못한 장년층들이 괴로워하는 것은 이런 자존심 때문이 아닐까 생각한다.

돌고 도는 것이 인생이다

취업이 되지 않아 고민이고, 노후 자금이 없어 고민이고, 생활비가 없어 고민이고, 당장 먹을 것이 없어 고민이고, 지금 너무 괴롭고 슬퍼서 숨쉬기조차 힘들어 하루가 아니라 당장 살아 견디기가 힘들다 하여도 그것 역시 영원하지 않고 반드시 지나갈 것이다.

미모를 과시하던 여배우들도 세월 앞에서는 그 아름다운 모습을 간직하지 못하고, 정원에 활짝 핀 아름다운 꽃들도 꽃이 만개한 며칠 뒤에 추한 모습으로 떨어지는 것처럼 아름답고 왕성한 젊음 역시 영원할 것 같아도 '이 또한 지나가리라.'

돌고 도는 것이 인생이다. 오르막길이 있으면 내리막길이 있고, 구름 낀 날이 있으면 맑은 날이 있고, 우는 날이 있으면 웃는 날은 반드시 오게 마련이다. 지금 울고 있으면 이제 남은 것은 웃는 것을 기다리는 것뿐이고, 지금 맑은 날이라면 구름 끼고 비가 올 것을 대비해야 할 것이다.

항상 잘나가던 사람도 어려움이 생길 수 있고, 지금 너무 죽고 싶도록 힘들고 어려워도 자기가 꿈꾸고 바라는 그날이 반드시 올 수 있다는 것을 믿고 기다리자.

철강왕 카네기도 어려서 너무 가난해 떨어지지 않은 깨끗한 운동화를 신어 보기를 소원했고, 맛있는 음식을 먹어보길 소원했으며, 용돈 받아 보길 소원했다고 한다.

또 현대그룹의 창업자 정주영 회장은 젊은 시절에 먹고 살기 위해 공사장에서 막노동을 할 때 잠잘 곳이 없어 합숙소에서 잠을 자면서 벼룩과 씨름하였다. 그 고생한 시절에 얻었다는 경영 철학은 지금도 세간인들 사이에서 "해보기는 해봤어?"라는 유행어로 쓰이고 있다.

큰 어려움을 겪을수록 크게 성공할 수 있고, 더 훌륭한 무용담을 이야기 할 수 있을 것이다.

지금 힘들다면 바닥이라 생각하자.

그리고 도약할 준비를 하자.

잠시만 자존심은 묶어 두고…….

Happiness Tip

오르막길이 있으면 내리막길이 있고,
구름 낀 날이 있으면 맑은 날이 있고,
우는 날이 있으면 웃는 날은 반드시 오게 마련이다.

엄동설한에 종혼산 꼭대기를 향해

지우개로 깨끗이 지우고 싶은 [illegible]

8. 인생의 성공 열쇠는 바로 '행복'이다

"아빠! 언제쯤 시간이 나세요?"

설 명절을 쇠기 위해 집에 온 아들이 묻는다.

나는 대학 4학년 때 부모님의 권유로 세상물정도 전혀 모른 채 졸업을 앞두고 취직도 하지 않은 채 결혼부터 하고 사회생활을 시작했다. 결혼을 하면 가정이 이루어지고 아빠가 된다는 사실만을 알았을 뿐, 가장으로서는 아무런 준비가 되어 있질 않았다. 특히, '아빠가 된다'는 것과 '행복한 가정을 만드는 것'은 무엇을 어떻게 해야 하는 것인지, 또 어떻게 하는 것이 좋은 아빠가 되는 것인 줄도 모르면서 결혼을 한 것이다.

나는 충청도 시골의 가부장적 집안에서 큰 아들로 태어났다. 특히 아버지께서는 큰 아들인 나에게 많은 기대를 걸었다. 그러나 내가 아버지 기대에 부응하지 못하자, 실망한 나머지 나를 엄하게 훈육했던 것 같다. 그러다 보니 아버지와 나와의 사이는 멀어지게 되고, 나는 아버지의 따뜻함의 내면을 배우기보다 엄격한 겉모습만을 배웠던 것 같다.

아빠 수업을 받지 못한 나는 따뜻한 아빠의 역할이 무엇이고, 아빠가 무엇을 어떻게 해야 하는 것인지 전혀 모른 채 자녀들이 태어났다. 그리고 어느새 자라 초등학교에 입학을 하게 된 것이다.

그러다 보니 자연스럽게 자녀 교육에 관심을 갖게 되었다. 어느 날, 우연한 기회에 『What shall I do?』란 책을 접하게 되었다. 이 책의 내용은 지금처럼 따뜻한 인성으로 자녀를 지도하고 가르치는 것이 아니라, 대부분 스파르타식으로 자녀 교육을 시켰다는 내용이었다.

엄동설한에 충혼산 꼭대기를 향해

하얀 눈이 수북하게 쌓인 어느 날이었다. 퇴근을 하고 집에 와 보니, 초등학교에 다니는 아들이 학원을 가지 않고 오락실에서 하루종일 놀다 왔다며 집사람이 아들을 야단을 치고 있었다. 어린 아이들에게는 얼마든지 있을 수 있는 일이었다. 그런데 원칙주의자였던 집사람이나, 엄격한 집안에서 모범생으로 자란 나에게는 충격이었다. 심지어 있을 수 없는 일처럼 느껴졌던 것이었다.

한참을 어찌 해야 하나 잠시 고민을 하다가 『What shall I do?』에서 나온 사례들을 떠올렸다. 그 사례들처럼 엄격하게 해서, 다시는 학원을 빠지고 오락실에 가는 일을 벌이지 않게 만들어야겠다는 생각이 들었다.

밖은 어둠이 점점 깊어지고 있었다. 아들 눈에서는 굵은 눈물 방울이 흐른다. 나는 한겨울에 수영복 바지만을 입고, 아들에게는 내복만 입히고 나를 따라 오라 말했다. 그리고 밖으로 나가 집 뒤에 있는 충혼산 꼭대기를 향해 오르기 시작했다. 영하의 날씨에 부는 칼바람은 살갗을 후벼 파는 느낌이었다. 충혼산을 오르는 내내 휘이잉- 하고 부는 강한 바람은 솔잎 위에 곱게 쌓였던 눈송이들을 날려 온몸을 에이게 한다.

아들의 표정은 두려움에 가득 싸여 있었다. 게다가 추위에 떨면서 말없이 따라온다. 성인인 나도 추운데, 어찌 어린애가 춥지 않고 두렵지 않겠는가?

그래도 아이의 버릇을 고치기 위해서는 참아야 한다는 생각을 했다. 이것이 모두 다 아들을 위한 길이라고 생각했다. 그리고 지금 아들이 얼마나 고통스러울지는 생각하지 않고 산꼭대기에 올라갔다.

"너, 오늘 어떤 학원을 왜 빠졌지?"

아들은 두려움에 기어들어 가는 목소리로 태권도와 피아노 학원을 빠졌다며 이런저런 이유를 댄다. 정말 자녀 교육에 무지하던 나는 왜 학원을 빠진 진짜 이유는 묻지 않고 표면적 이유만을 그렇게 물었는지 지금도 안타깝다.

"아들아! 넌 오늘 학원을 빠졌으니까 오늘 태권도 학원에서 배워야 할 품새 짜기를 정확히 구령을 붙이면서 해라. 틀리면 다시 할 테니 정신 차리고."

아들이 품새를 짜며 태권도를 하는 사이에도 차가운 겨울바람은 더욱 세차게 불어온다. 아들이 30분 정도 태권도를 하는 동안 아빠로서의 체면을 지키려 가만히 서 있으려니 불어오는 칼바람의 위력을 더욱 실감할 수 있었다. 30분 정도 태권도를 시키고, 집으로 돌아와 시리도록 찬 수돗물을 머리에 대고 찬물 샤워를 함께 했다. 그 찬물 샤워는 살을 잘라내는 듯 에려 옴을 느꼈다.

지우개로 깨끗이 지우고 싶은 기억

그날 밤 두려움과 공포로 울지도 못하고 추위에 떨다 잠든 아들을 보고 밤새 베개를 적셨던 기억은 언제나 가슴이 저리고 아프다. 지금도 당시의 생각이 떠오를 때면 두렵고 고통스러웠을 아들 생각에 가슴이 먹먹하게 미어져온다. 그 후로는 당연히 아들은 나를 멀리하게 되고 아빠와 아들 관계는 의무 관계로 변했다.

내가 아버지에게 그러했듯이, 아들 역시 내가 가지고 있는 따뜻한 마음을 배우기보다 엄격함만을 배우지 않았나 싶다. 지금 생각하면 얼마나 자녀 교육에 대해 무지했고, 아빠가 되기 위한 준비를 모르고 했던 행동인지 생각하면 한없이 미안하다. 그리고 그때의 삶을 지우개로 깨끗이 지우고, 다시 살고 싶은 심정이다. 엄격함만을 배웠을 아들이 그 모습을 대물림하지 않길 간절히 바라며 이 말을 전하고 싶다.

"아들아! 정말 미안하다. 아빠로서 네게 하지 못할 짓을 했구나. 아빠를 용서하고 네 아들에게는 엄격한 아빠가 아니라 그냥 내면의 따뜻함을 전달할 수 있는 아빠로 남을 수 있었으면 좋겠구나. 아들아! 사랑한다."

어느새 아들은 대학을 졸업하고 직장생활을 한다. 그래서 독립해 있다 보니 아들을 볼 기회도 자주 없는데, 명절이라고 오랜만에 집에 찾아와 "아빠! 언제쯤 시간이 나세요?" 하고 묻는 것이다.

지금은 퇴직을 해 프리(free)로 대학과 기업 강의로 시간은 일정하지 않지만, 그래도 2월이 다소 한가해 일정을 이야기해 주었다. 그랬더니 엄마와 함께 여행을 다녀오라며 밤새 스케줄을 짜서 여행 티켓을 준다. 그것도 일등석(First Class) 항공권에 5성급 호텔로, 8일간의 럭셔리한 일정이다. 내게는 너무나 호사스러워 한 번도 엄두를 내지 않던 여행인데……. 그동안 잘 성장해준 아들이 고맙고 미안한 생각이 든다.

인생은 경주가 아니고, 누가 1등으로 들어오느냐로 성공을 따지는 경기도 아니다. 다만, 내가 얼마나 의미 있고 행복한 시간을 보냈느냐가 바로 인생의 성공 열쇠다. 럭셔리한 여행도 즐겁지만, 더 즐거운 것은 따뜻한 아들의 마음을 확인할 수 있다는 것이다. 그래서 더욱 더 행복하다.

Happiness Tip

가정의 행복은 가족이 소통하면서
얼마나 오래토록 함께 하느냐에 달려 있다.
세상은 원칙도 중요하지만,
따뜻함과 정이 있는 것이 더 소중한 삶이다.
그 소중한 인생의 교훈을 느끼며
삶을 뒤돌아보는 시간을 가져보는 것이 필요하다.

PART Ⅱ

나누면 커지는 행복의 비밀

"할머니, 집에 가서 기다리다 보면
괜찮아질 것입니다"

"사람이 돈을 사랑할 수는 있지만,
돈이 사람을 사랑할 수 없다"

1. 똥구멍이 찢어지게 가난하다

학생들을 대상으로 강의를 하면서 인생의 목표가 무엇이냐고 물으면, 대부분의 학생들이 돈을 많이 벌었으면 좋겠다고 한다. 그런 대답을 들을 때면 어려서 먹고 살기가 어렵던 시절, 어른들께서 "똥구멍이 찢어지게 가난하다"고 하시던 말씀이 생각이 난다.

그 말이 탄생하게 된 배경을 보면 우리 민족에게 너무 가슴 아픈 사연이 있다.

일제 강점기에 가난한 시골 마을에서조차 식량은 물론 숟가락까지 모든 것을 일본인들에게 공출로 빼앗겼다. 백성들은 먹을 것을 다 빼앗기고 봄이 되면 먹을 것이 없어 보리가 싹이 터서 익기를 기다리는데, 보리가 싹이 나서 고개를 숙이고 익을 때까지 기다리지 못해 굶어 죽은 사람들이 1년에 40여만 명이나 되었다고 한다. 그래서 보리가 고개를 숙일 때까지 기다리기가 힘들다 해서 보릿고개라는 말도 생긴 것이다.

일제 강점기, 경상도의 어느 산골에서 있었던 이야기다.

어느 할머니가 새벽에 약방문을 다급하게 두드린다. 약방 주인은 "왜 그러시오? 무슨 일이 있습니까?"라면서 문을 열어준다.

정신없이 달려온 할머니는 숨 가쁘게 간신히 말을 뱉어내며 애원한다.

"우리 식구들이 배가 아프다고 난리가 났는데, 왜 그런지 모르겠소. 우리 식구들 좀 살려주세요."

약방 주인은 할머니를 진정시키면서 다시 한 번 천천히 물었다.

"아니, 차근차근 이야기를 해보세요. 그래야 무슨 일인지 알 게 아니겠어요."

"할머니, 집에 가서 기다리다 보면 괜찮아질 것입니다"

할머니는 눈물을 글썽이며 이야기를 시작한다.

"우리 식구는 10명이나 되는데 쌀독에 보리쌀은 한 줌밖에 없어 풀뿌리라도 끓여먹을 요량으로 밖으로 나갔더니 풀뿌리조차 사람들이 다 캐 가서, 하늘을 원망하고 있었습니다. 그런데 나무꾼이 나뭇가지를 치며 나무를 하는데 소나무 속살이 하얗게 보이는 것이 먹음직스럽게 보이더이다. 그래서 그 소나무 껍질이라도 끓여서 가족과 함께 먹으면 허기를 메울 수 있겠다 싶어, 소나무 껍질을 벗기고 그 속에 있는 하얀 속살을 긁어 보리쌀 한 줌과 함께 푹푹 끓여 어제 저녁에 나누어 먹었답니다. 그렇게 허기를 때우고 잠을 잤는데, 잘 자던 식구들이 하나 둘 일어나 측간(화장실)에 다녀오면서 배가 아프다고 하더니, 지금은 모두가 배가 아프다고 저렇게 뒹굴고 난리가 났습니다."

약방주인은 고개를 끄덕이며 이야기를 다 듣고는 이렇게 말해주었다.

"할머니, 집에 가서 기다리다 보면 괜찮아질 것입니다. 집에 가서 기다리세요."

그렇게 말하며 문을 닫고 안으로 들어가려다 다시 말을 이었다.

"소나무 껍질의 송진을 긁어 끓여 먹어 그것이 뱃속에서 다른 음식물들과 함께 뭉쳐 돌덩이처럼 굳어져 그럴 것입니다. 배를 한참씩 주물러 주라 이르세요. 그러면 괜찮을 것입니다."

할머니가 집에 돌아와 식구들에게 처방을 일러 주자, 하나 둘 측간으로 달려가 배를 움켜쥐고 씨름을 하다가 나오는데 하나같이 바지에 피를 묻히고 나오면서 똥구멍이 찢어졌다는 것이다.

배변이 되기 위해서는 창자들의 연동운동으로 말랑말랑한 똥을 밀어내야 밖으로 나오는데, 너무 크게 돌덩이처럼 굳은 똥이 항문을 나올 때 그 크기가 조절 되지 않아 똥구멍이 찢어져야 나왔던 것이다.

그 사건을 계기로 사람들이 가난한 집의 생활상을 일컫는 말로 '똥구멍이 찢어지게 가난하다' 는 말을 자주 쓰게 되었다는 이야기다.

"사람이 돈을 사랑할 수는 있지만, 돈이 사람을 사랑할 수 없다"

똥구멍이 찢어지게 가난해 굶고 지내던 그 시절에도 우리는 자살보다 희망으로 살았다. 세계 최고 가난했던 우리나라가 세계 10위권의 경제 대국으로 성장한 지금, 자살률이 세계 1위고 행복 지수가 최하위권이라고 한다.

가진 것을 갖고 싶은 것으로 나눈 것이 행복률이다. 가진 것이 없던 시절 더 행복했다는 것은 가진 것이 없어도 가진 것에 만족할 줄을 알았기 때문이다.

최근 사람들은 돈을 자신의 인생을 가꾸는 것보다 더 중요하게 생각하기 때문에 쉽게 돈의 노예로 전락하고 있다. 돈에 모든 생활을 바치는 인생은 틀림없이 혼란스러워지고, 늘 쫓기는 사람처럼 안정을 찾을 수 없게 된다.

돈이 인생의 목표라고 대답을 하는 학생들이나, 돈을 쫓기 위해 혈안이 되어 있는 사람들은 다른 사람과의 관계가 원만하지 않고 사소한 일에도 자주 다투고, 걸핏하면 다른 사람을 이용하려 든다. 그것은 인간관계를 원만치 못하게 하고 사랑이 없는 사회를 만든다.

"사람이 돈을 사랑할 수는 있지만, 돈이 사람을 사랑할 수 없다"는 만고의 진리를 우리는 명심해야 할 것이다.

Happiness Tip

돈을 쫓기보다 자신의 인생을 가꾸는 것을 보다 더 중요하게 생각하라. 그러면 쉽게 돈의 노예로 전락하지 않는다.

칭찬이 습관인 사람은 어디서나 환영 받는다

2. 칭찬합시다, 친절합시다

이곳저곳에 강의를 다니다 보면 많은 분들을 만나게 된다.

그중 기억에 남는 몇몇 교장 선생님과 단체장님들의 단순한 한 마디에 그 기관의 이미지를 새롭게 할 때가 있다.

몇 년째 초청을 받아 강의를 가고 있는 K고교의 교장 선생님께서는 내가 도착하면 반갑게 맞아 주면서 행정실로 이렇게 전화를 한다.

"우리 학교에서 최고 맛있는 차를 가지고 와요. 아주 중요한 분이 오셨으니까요."

물론, 가져오는 차는 어느 곳에서나 맛볼 수 있는 똑같은 커피다. 똑같은 커피를 마시는데, 정말 맛있다. 그리고 강의가 끝나면 진행을 담당하는 선생님께 이렇게 말씀하신다.

"나는 바빠서 못 가지만, 최고로 맛있는 음식으로 대접하세요."

그저 어느 곳에서나 맛볼 수 있는 한정식을 먹고 있는데, 정말 최고의 음식을 먹고 있는 것처럼 맛있다. 그리고 행복해진다. 최고의 대접을 받고 있는 느낌이다. 그분은 만나는 사람을 행복하게 만드는 능력을 가지고 계시다. 다만 한 마디의 말을 덧붙였을 뿐인데, 상대방의 입장에서는 정말 기분 좋은 일이다. 듣는 사람에게 엔도르핀을 솟게 한다.

칭찬이 습관인 사람은 어디서나 환영 받는다

D시에서 모단체장을 만나 식당에 들렀던 일이 있다.

그분은 음식이 나오기 전부터 종업원들의 상냥한 자세와 단정한 옷차림을 칭찬한다. 음식이 나오자 맛있는 음식에 대해 칭찬한다. 반찬이 떨어지면 더 달라고 이야기하는 대신에, 떨어진 반찬을 가리키면서 이렇게 한마디를 한다.

"음식이 참 정갈하고 깨끗하면서 맛있습니다."

그 말이 떨어지자마자 서빙을 하는 분은 기분 좋은 표정으로 이렇게 맞받는다.

"그러세요? 잠시 기다려 주세요. 더 드리겠습니다."

그리고는 깔끔하고 정갈하게 반찬을 담아 갖다 준다. 그리고 지나다니면서 신경을 더 쓰고 음식이 떨어지면 말없이 웃으며 채워준다.

음식을 먹고 나오면서, 주인에게 서빙을 했던 아가씨를 가리키면서 "저 분 기회 있으면 보너스 좀 더 드리세요. 아주 친절하게 손님을 대하여 기분을 좋게 해 줍니다. 오늘 덕분에 아주 즐겁고 맛있게 식사를 했습니다."

이렇게 말 한마디를 하고 나오기에 너무 칭찬이 과하지 않느냐고 했더니 "내가 이렇게 이야기를 해주면 식당에서 일하는 사람이나 주인 모두가 기분이 좋아져서, 즐거운 마음으로 음식을 만들고 다른 손님도 기분 좋게 맞이하지 않을까요?"라며 내게 반문을 한다.

그래서 그런지 그 분이 한번만 다녀온 식당이라면 종업원들이 다 알고 정중하고 매너 있게 맞이한다. 특히 주인에게 칭찬해주었던 종업원은 웃는 얼굴로 음식을 다 먹을 때까지 늘 더 살펴준단다.

옛날 우리가 못 살고 가난하던 시절에, 어떤 젊은 청년이 지나가던 길에 길가에서 자동차가 고장 나 끙끙대고 있는 외국인 아주머니를 만났단다. 그 청년은 그 아주머니의 어려움을 끝까지 도와주고 집까지 모셔다 드렸는데, 그 아주머니가 바로 미군 사령관 아내였고, 그 덕에 미군부대에 모든 납품권을 얻게 되어 우리나라 굴지의 재벌기업의 초석을 이뤘다는 일화가 있다.

상대방을 칭찬하고 친절하게 대하는 습관이 우리 사회를 밝게 해주고 서로 행복하게 해주는 선진 문화 사회를 만드는 것이라 생각한다. 모든 사람에게 친절하고 칭찬하자. 곧 그것이 나 자신을 위하는 길이라는 것을 늘 명심하자.

Happiness Tip

상대방을 칭찬하고 친절하게 대하는 습관이
나의 인생과 다른 사람의 삶까지 바꾼다.

"아빠, 어서 떡국 한 숟가락 떠.
내가 김치 올려 줄게"

3. 아빠와 아들의 소중한 마음

인터넷을 돌아다니다 보면 가슴이 짠한 이야기가 가끔씩 보인다. 그중 아빠와 아들의 한 애잔한 스토리가 내 마음에 지워지지 않고 맴돈다. 그래서 그 이야기를 지금부터 잠시 해볼까 한다.

쌩쌩 거리는 바람 소리가 더욱 을씨년스럽다. 아직도 겨울 끝이라 바람 끝이 차다. 찬바람을 몰고 아빠와 아들로 보이는 걸인 두 사람이 너덜너덜한 행색을 하고 식당 안으로 들어 왔다. 한동안 씻지 않았는지 두 사람의 몸에서는 퀴퀴한 냄새가 진동을 해 식당 안을 퀴퀴한 냄새로 가득 채운다.

거지로 착각한 식당 주인아저씨는 낯빛이 굳어지며 악을 쓰듯 소리를 지른다.

"아직 개시도 안 했으니까 나가요. 손님들 몰려 올 시간이니까 빨리 나가요. 아이! 재수 없어. 재수가 없으려니까 청소한 뒤에 거지부터 들어오고 난리야."

식당 주인아저씨의 큰소리에 큰 눈만을 껌벅이던 어린 소년은 이런 수모를 자주 당했는지 아무 말 없이 앞 못 보는 아빠의 손을 이끌고 식당으로 들어와 자리를 잡았다. 그리고 주인아저씨에게 이렇게 말했다.

"저어……, 아저씨! 돈 여기 있어요."

꼬깃꼬깃한 천 원짜리 몇 장과 동전 한 움큼을 내놓고는 주문을 한다.

"떡만둣국, 두 그릇만 주세요."

거지로 오해를 해서 화부터 냈던 식당 주인아저씨는 멋쩍은 표정으로 다시 말했다.

"얘야! 그래도 미안하지만 지금은 팔수가 없단다. 그리고 그 자리는 예약석이고 예약한 손님들이 곧 들어 올 시간이니까 다음에 오렴."

어린 소년의 낯빛이 굳어지며 시무룩해진다. 어린 소년은 주인아저씨의 말에 힘을 잃고 기어들어가는 목소리가 되었다.

"아저씨, 오늘이 우리 아빠 생신인데요. 빨리 먹고 갈게요. 돈도 먼저 드리고요."

못마땅해 뜸을 들이던 아저씨는 잠시 망설이다가 간신히 허락했다.

"그럼, 이쪽으로 와서 빨리 먹고 가라. 대신 다른 손님들이 들어오기 전에 빨리 먹고 가야 한다."

어린 소년은 대답 소리와 함께 아빠를 의자에 앉히고 물을 따라준다.

"아빠, 어서 떡국 한 숟가락 떠. 내가 김치 올려 줄게"

잠시 후 떡만둣국을 갖다 준 주인아저씨는 떡만둣국을 먹는 부자의 모습을 물끄러미 지켜보았다. 작은 손으로 아빠의 숟가락과 젓가락을 식탁에 챙겨 드리고, 아빠의 떡만둣국을 식혀 주겠다며 아빠의 국그릇을 앞으로 당긴 아들은 자신의 만둣국에 들어있는 만두를 아빠의 그릇으로 옮겨 담으며 이렇게 말한다.

"아빠, 이제 됐어. 조금 식었을 테니까 먹어. 근데 주인아저씨가 우리 빨리 먹고 가야 한댔으니까 빨리 먹자."

아빠의 식사 시중을 들면서 아이는 다시 말을 계속한다.

"아빠, 어서 떡국 한 숟가락 떠. 내가 김치 올려 줄게."

아빠가 떡국 한 술을 뜨자 아들은 얼른 김치를 떡국 위에 올려준다. 떡국을 뜨고 있는 아빠의 손은 가늘게 떨리고, 눈에서는 그렁그렁하던 눈물이 볼을 타고 주르륵 쏟아져 흐른다.

"아빠! 나도 안 우는데 왜 울어. 밥 먹다 울면 이가 다 빠져서 다음부터 밥을 못 먹는다고 아빠가 이야기해 놓고선……"

아빠는 아무 말 없이 그저 눈물만 흘린다. 식당에 들어 올 때 주인아저씨의 험한 말에도 아무런 대꾸도 없었고, 식당 주인아저씨의 말에 전전긍긍 하는 아들의 행동에도 아무런 말이 없었던 아버지는 눈으로는 보지 못해도 마음으로는 다 본 듯하다.

멀리서 지켜보던 식당 주인아저씨는 말없이 김치를 더 갖다 주며 이렇게 말했다.

"얘야, 천천히 먹어도 되니까 너무 서두르지 마라. 그리고 부족하면 더 이야기하렴."

계산대로 돌아오는 식당 주인아저씨의 눈에도 눈물이 고였다.

진정 세상에서 소중한 것이 무엇일까?

저 앞을 못 보는 아저씨에게는 어떤 사연이 숨어 있을까?

Happiness Tip

행복은 억만금이 아니라
꼬깃꼬깃한 천 원짜리 몇 장과 동전 한 움큼에도 있을 수 있다.

보이는 것만이 전부는 아니다

4. 밥통을 닮은 사람

"야! 튼튼한 발아! 매일 우리만 일하고 밥통이란 놈은 놀고먹으니 분통이 터져 못살겠다. 무슨 대책을 세워야 하는 것 아니니?"

"그래, 네 말이 맞기는 해도 뭐 뾰족하게 대책이 없잖니. 그러니까 그냥 참는 수밖에 없지 뭐."

옛날에 손, 발, 눈, 코, 입, 귀, 그리고 밥통(위)이 함께 평화롭게 살았단다.

그런데 손이 열심히 먹을 것을 찾으며 일을 하다가 잠깐 쉬면서 생각해 보니 눈, 귀, 코, 입, 발은 열심히 일을 하는데 비해 밥통이란 놈은 뱃속에서 매일 먹고 놀기만 하는 것이었다.

이에 격분한 나머지 손이 발에게 불만을 터트리기 시작하였던 것이다.

손의 불만이 씨앗이 되어 점차 발과 입과 코, 귀, 눈에게로 퍼지기 시작을 했고, 급기야는 파업까지 하기에 이르렀다.

"얘들아! 우리는 죽도록 일을 하고 밥통은 매일 먹고 놀기만 하니까 밥통을 한번 골탕 먹여 주자."

"그러니까 오늘부터 아무것도 먹지도 말고 일도 하지 말고 모두 그늘 밑에 가서 편안하게 3일 동안만 잠을 자자."

"그럼 우리는 에너지가 충전되어 좋을 것이고, 아마 밥통이란 놈은 배가 고파 골탕 좀 먹을 게다."

보이는 것만이 전부는 아니다

손, 발, 귀, 코, 눈, 입. 6명의 친구들은 오랜만에 의기투합하여 며칠간 푹 쉬자며 모두 휴식에 들어갔다. 각자 밀렸던 일도 하고 친구도 만나고, 남는 3일 동안은 아무것도 먹지도 않고, 일도 하지 않고, 오직 휴식을 위한 잠만 자기로 했다. 그렇게 푹 며칠 동안 잠만 잤던 손은 충분한 휴식을 취했으니 힘이 솟겠구나 싶어 두 손을 힘차게 뻗어 기지개를 폈다. 그런데 왠지 손에 힘이 없고 파르르 떨렸다.

깜짝 놀란 손이 가장 친한 친구 발에게 어떤가 물었더니 두 발도 힘이 하나도 없어 걸을 수가 없고 쓰러질 것 같단다. 다른 친구들에게도 상황을 물었더니 눈은 가물가물하여 앞을 볼 수가 없고, 코는 시큰시큰 하여 냄새를 맡을 수 없고, 입은 거미줄이 친 것처럼 쩍쩍 무엇인가가 달라붙고, 귀는 윙윙거리더란다.

편안하게 푹 쉬기만 했는데 이상하게 힘이 쭉 빠진 손은 밥통이 궁금하였다.

"밥통아! 우리가 3일 동안이나 밥을 주지 않아 굶었는데 배고프지 않니? 배가 많이 고프지?"

힘이 없어 파르르 떨리는 손이 놀려볼 요량으로 밥통에게 말을 건넨 것이었다.

그랬더니, 밥통 하는 말이 이렇다.

"야! 무쇠 같은 손아! 제발 한 3일만 더 먹지 말고 편히 좀 쉬어다오. 난 이 세상에 태어나서 처음으로 푹 쉬어보았단다. 지금껏 너희들의 식탐으로, 잔뜩 먹고 나서 쉬거나 잠을 잘 때도 나는 쉼 없이 너희가 먹은 음식물들을 소화시켜 너희들의 손과, 발과, 눈, 코, 입, 귀에게 에너지를 나누어 공급하느라 잠시도 쉴 수가 없었단다. 그런데 너희들이 3일 동안이나 아무것도 먹어 주지 않으니 내가 얼마나 편안하게 지낼 수 있었겠니? 기왕 쉰 것이니까 3일 동안만 더 먹지 말고 쉬어줘라. 나도 이제부터 좀 쉴 수 있게."

"나를 위해 지나가 버린 시간을 다시 되돌릴 수 있도록 시계를 만들 수 있는 사람은 아무도 없다"고 영국의 시인 바이런은 이야기 했다. 시기와 원망 때문에 아까운 시간을 놓쳐 버리지는 않았는가? 보이는 현상만 보고 평가를 하지는 않았는가?

보이는 곳에서 열심히 일하는 사람들이 많이 있지만, 보이지 않는 곳에서 일하는 사람도 많이 있다. 불만이 쌓이고 불평을 하고 싶을 때 보이지 않는 곳에서 일하는 사람을 돌아 볼 줄 아는 여유를 가져봄이 어떨까 싶다. 밥통(?) 같은 사람으로서 말이다.

Happiness Tip

나를 위해 지나가 버린 시간을
다시 되돌릴 수 있도록 시계를 만들 수 있는 사람은 아무도 없다.

재채기를 하지 않는 사람

모든 것을 받아들이는 어머니 마음처럼

5. 아침에 심었다 저녁에 따먹는 오이씨 사세요

필자가 어려서 감명 깊게 봤던 어떤 영화의 스토리가 생각이 나 여기에 적어 본다.

"아침에 심었다 저녁에 따 먹는 오이씨 사세요!"

아침부터 동헌 주변에서 작은 꼬마가 담장을 돌며 외치는 소리다.

동헌에 있던 고을 사또가 처음에는 어린애의 장난이려니 하며 무심코 들었지만, 며칠째 계속되는 것이 하도 기이해서 그 꼬마를 데리고 오도록 명을 내렸다.

사또 : 네 이놈! 아무리 어린애라지만 그렇게 해괴망측한 말을 왜 동헌 주변을 돌면서 떠드는 것인가? 네가 그렇게 백성들을 기만하면 어떤 죄에 해당하는지를 아느냐?

꼬마 : 사또 나리, 이건 백성들을 기만하는 것이 아니라 사실을 이

야기하고 있는 것이옵니다. 그러니 믿고 오이씨 한 톨을 사서 심어 보십시오. 그러면 아침에 심었다 저녁에 틀림없이 따서 드실 수가 있을 것입니다.

사또 : 그래, 만약 네 말이 사실이 아니라면 어찌하겠느냐?

꼬마 : 제 목을 걸겠습니다.

사또 : 그 말이 사실이렷다. 정말 거짓이면 네 목을 걸겠느냐?

꼬마 : 네, 사또 제가 아침에 씨앗을 심고 해질녘에 오이를 따서 사또 나리에게 대령하겠나이다. 그리고 저는 아침부터 해질녘까지 아무 데도 가지 않고 이곳에서 기다리고 있겠습니다.

사또 : 그래, 이 오이씨가 얼마인고?

꼬마 : 쌀 한 섬이옵니다.

사또 : 네 나이는 몇 살인가?

꼬마 : 6살이옵니다.

사또는 맹랑한 6살 먹은 어린 꼬마의 말을 듣고 따르자니 난처하고, 모른척하자니 너무 당돌하고 확신에 찬 모습에 꼬마의 청을 들어 주기로 하였다.

재채기를 하지 않는 사람

아침에 오이씨를 심고 오이가 싹이 나길 기다리는데, 점심때가 되어도 싹은커녕 바닥에 부은 물만 바짝바짝 말라가는 것이었다. 사또는 점심때가 되어도 오이가 열리기는커녕 싹도 나오지 않는 것을 보고 이렇게 호통을 쳤다.

사또 : 지금까지 싹도 나오지 않는데, 정말 여기에서 싹이 트고 오이가 열린단 말이냐?

꼬마 : 조금만 더 기다리십시오. 틀림없이 싹이 트고 오이가 열릴 것입니다.

해가 서산에 뉘엿뉘엿 질 때까지 오이의 싹도 틔지 않자 사또는 다시 꼬마를 형틀에 묶으라는 명을 하고 심문을 시작하였다.

사또 : 네 이놈, 아직도 네 죄를 사실대로 아뢰지 않겠느냐? 네 놈은 어찌해서 관가를 능멸하고 아직도 거짓을 고하는 것이냐?

꼬마 : 사또, 사또께서는 재채기를 하십니까? 이 오이씨는 재채기를 하시지 않는 분이 아침에 씨를 심으면 저녁때 따 먹을 수 있사옵니다. 저는 사또께서는 재채기를 하지 않는 분이라 여기고 그렇게 아뢴 것이옵니다.

사또 : 야, 이놈아! 이 세상에 재채기를 하지 않는 사람이 어디 있다더냐?

꼬마 : 예, 계십니다.

사또 : 그게 누구냐?

꼬마 : 제 아버지입니다. 제 아버지께서는 재채기를 하지 않는 분이옵니다.

사또 : 네 아비가 어떤 사람인데 재채기를 하지 않는다는 말이냐?

꼬마 : 첫날밤을 치른 제 어머니는 다음날 아침 밥상을 들고 들어가다가 재채기를 참지 못하고 재채기를 했다 하여 소박을 맞으셨습니다. 어머니를 내쫓으신 아버지께서는 틀림없이 재채기를 하지 않으리란 생각이 들었습니다. 그래서 저는 재채기를 하지 않는 제 아비를 찾기 위해 오이씨를 팔고 다녔습니다. 그동안 백성을 기만한 죄, 제 목을 쳐 주시기 바랍니다.

사또는 깜짝 놀랐다. 과거 시험공부를 하기 전 결혼을 하라는 할아버지의 성화에 억지 결혼을 한 다음 날 재채기를 했다 하여 처를 쫓아낸 일이 있기 때문이었다.

사또 : 네 어미가 누구인고?

꼬마는 자초지종을 이야기하기 시작한다.

꼬마 : 소박을 당해 갈 곳이 없던 제 어머니는 다음 날 마을 앞산에 있는 청룡사에 들어가 계셨는데, 그 곳으로 제 아버지가 과거 공부를 하러 오시게 되었답니다. 소박을 당한 어머니께서는 제 아버지를 알아보시고 과거시험을 보러 가실 때까지 아버지 몰래 뒷바라지를 하셨던 것입니다.

사또가 청룡사에서 과거 공부를 할 때 빨래며 밥이며 정성껏 해주는 보살님이 계셨다. 인사를 하려 해도 만날 수가 없어 과거에 급제하면 꼭 인사를 하겠다고 했던 것이 차일피일 미루다 보니 지금까지 미루게 되었던 것이다.

모든 것을 받아들이는 어머니 마음처럼

사또가 고을에 부임하던 날, 많은 환영인파들 속에 끼지도 못하고 나무 뒤에 숨어서 눈물을 흘리며 지켜보고 있는 어머니를 보고 꼬마가 물었다.

"어머니! 어머니께서는 어찌하여 저 군중 속에 나가서 환영을 하지 않고 이렇게 나무 뒤에서 눈물만 짓고 계십니까?"

어머니는 아무 말 없이 눈물만 훔친다. 아들의 계속된 질문에 어머니께서 마지못해 말씀을 잇는다.

"저기 어사화를 쓰고 부임하시는 분이 네 아버지시란다. 이 어미는 결혼 첫날 시아버지께 첫 번째 아침상을 올리다가 재채기를 했다고 해서 쫓겨나게 되었단다. 그래서 아버지 앞에는 갈 수가 없단다."

어머니에게 이야기를 듣고 난 아들은 아버지와 어머니를 만나게 할 수 있는 방법을 궁리하던 끝에 오이씨 장수를 가장해 아버지를 찾아 나서게 되었고, 그 사실로 인해 이 상황이 벌어진 것이다.

사또는 자신이 형틀에 묶어 놓고 취조를 하고 있는 이 영특한 꼬마 어린애가 자신의 아들이란 사실에 놀라게 된다. 사또는 눈물을 흘리며 아들을 안아 주며 아버지 없이 잘 자라준 아들과 잘 길러준 어머니에게 감사하고, 그동안 뒷바라지만 하며 고생을 한 아내를 다시 불러 들여 백년해로 하면서 행복하게 살았다는 이야기다.

옛날 어머님들은 모든 것을 참고 감내하며 속으로 삭이며 생활하였다. 지금처럼 목소리를 내는 경우보다 당신의 목소리를 내지 않고 살아가는 것을 미덕으로 삼았던 것이다.

당신의 속이야 썩어 문드러져도 혼자서 삭이는 어머니의 마음은 숯검댕이처럼 타들어 갔다.

모든 것을 받아들이는 어머니 마음을 보면 모든 것을 받아들이는 바다와 같지 않나 하는 생각이다. 모든 것을 받아들이기 때문에 바다라는 이야기가 새삼 가슴에 와 닿는다. 모든 것을 받아들이다가

속이 썩어 문드러지는 어머니 마음을 우리가 조금씩 나누어 가진다면 어떨까 하는 생각이다.

Happiness Tip

모든 것을 받아들이는 어머니 마음을 우리가 조금씩 나누어 가진다면, 세상의 더 많은 사람들이 좀 더 행복해질 것이다.

울다 보면 슬퍼지고 웃다 보니 행복해진다

6. 손절매를 활용하라

금리가 0퍼센트 대인 지금 대부분의 사람들은 여유자금이나 노후자금 운용을 은행에 맡기기보다 부동산이나 주식에 투자를 한다. 그리고 많은 사람들이 주식에 투자해 손해를 봤다는 이야기를 한다. 필자도 한때 주식투자를 했는데 운 좋게 손해를 보지 않고 약간의 득을 얻은 일이 있다. 아무런 상식이 없었지만 운이 좋아 득을 볼 수 있지 않았나 싶다.

그런데 전문투자가들은 어떻게 투자를 할까?

지금은 주식투자를 하는 사람이라면 다 알고 있는 사실이지만, 주식거래의 큰 원칙은 모든 주식 매매 약정에 대해 손절매 주문을 넣는 것이다.

손절매란 앞으로 주가(株價)가 더 떨어질 것을 예상하여, 손해를 감수하고 주식을 매입 가격보다 싸게 파는 것을 말한다. 가령 10,000원에 주식을 샀는데 9,500원으로 주식이 하락하면 즉각 손해를 감수하고 매도하는 것이다. 이것은 주가가 매수 가격에서 5포인트 떨어지면 바로 그 순간 자동으로 주식을 매도함으로써 손실을 5포인트로 제한하는 것이다.

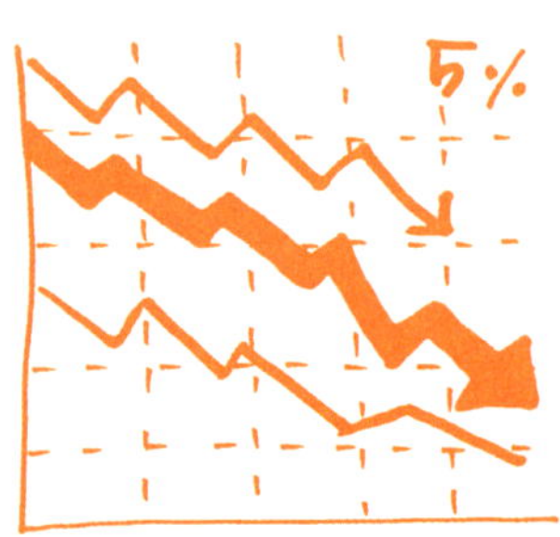

그런데 처음에 좋은 가격에 샀다면 수익은 평균 10에서 50포인트 이상으로 불어날 수도 있다. 따라서 손실을 5포인트로 제한한다면 예측이 빗나간 경우가 절반 이상이라고 해도 돈을 벌게 된다는 이론이다.

그런데 이 손절매 원칙을 주식시장이 아닌 다른 영역에서 활용하면 어떨까?

사회생활을 하면서 대인관계를 맺다 보면 이런저런 사람들과 사소한 일로 언쟁을 하게 되고, 언쟁을 하다보면 언성은 큰 소리로 발전을 하게 된다. 그러다 보면 상황이 점점 악화되어 하지 말아야 할 이야기는 물론, 폭력까지 휘두르게 되어 서로에게 깊은 상처를 주게 되고 원한을 갖는 경우가 있다. 이때에도 언쟁을 하게 될 때 하지 말아야 할 이야기의 수준을 조절할 수 있는 손절매를 넣는다면 서로에게 상처를 주는 일은 보다 적게 될 것이다.

울다 보면 슬퍼지고 웃다 보니 행복해진다

사람은 누구나 조급함이나, 분노, 욕구의 분출, 자기주장이 있을 수 있다. 자기주장이나 분노 조절을 하지 못하고 끝까지 큰소리치다가 파국으로 치달아 결국 후회하고 스스로 무너지는 경우를 종종 볼 수 있다. 분노나 자기주장을 어느 수준에서 멈출 줄 알아 스스로의 감정을 컨트롤 할 수 있는 손절매 기준을 정하고 손절매를 넣어보자.

분노와 욕구의 분출이나 자기주장을 하고 싶을 때 "그래, 이 상황은 이 정도면 됐어. 더 이상은 필요 없어"하고 말이다.

운동 제1법칙인 관성의 법칙은 물리학에 적용되는 것뿐만이 아니라, 우리 감정에도 적용된다. '울다 보면 슬퍼지고 웃다 보니 행복해진다' 는 말처럼 화를 내다보면 점점 더 화가 나게 되고, 어려운 것을 참다 보면 평정심을 얻을 수 있는 것을 경험해 봤을 것이다.

밀턴은 우리 마음 자체가 하나의 세상이니, 스스로 지옥을 천국으로 만들기도 하고, 천국을 지옥으로 만들 수 있다고 했다. 스스로 손절매를 잘 활용하다 보면 세상을 지옥으로도 천국으로도 만들 수 있을 것이다.

이 깨달음이 실감이 나는 대표적인 이야기가 바로 나폴레옹과 헬렌 켈러의 사례다. 평민에서 황제가 되었던 나폴레옹은 "내 평생 행복했던 날은 1주일도 안 된다"고 이야기를 했지만, 앞을 보지 못하고 듣지도 못하는 헬렌 켈러는 "세상이 참 아름답다고 느낀다"고 말하고 "나를 평화롭게 할 수 있는 것은 나 자신 밖에 없다"고 했다.

미국의 신학교 라인 홀트 교수가 쓴 기도문을 통해 마음의 평정심을 얻을 수 있는 방법을 소개하면서 이 글을 마무리해 본다.

주여!
바꿀 수 없는 것을 받아들이는 평정심과
바꿀 수 있는 것을 바꿀 수 있는 용기와
그 둘을 분별할 줄 아는 지혜를 제게 허락하소서.

Happiness Tip

우리 마음 자체가 하나의 세상이니,
스스로 지옥을 천국으로 만들기도 하고, 천국을 지옥으로 만들 수 있다.

아이를 CEO로 키우는 방법

7. 블록은 CEO 훈련이다

한동안 IMF 때문에 해외에 나가지 못하다가 IMF가 풀리면서 경기도 교육청 우수교사로 선발되어 미국과 캐나다의 영재 교육을 견학하고 온 일이 있다.

미국과 캐나다의 영재교육을 견학하는 동안 K-000이라는 블록으로 미국의 과학교육원에서 영재 교육을 시키는 것을 보고 블록에 관심을 갖게 되었다.

견학을 다니는 동안 블록을 활용한 영재 교육이 창의성 향상에 좋다는 설명을 듣고 발명교실에서 초등학생을 대상으로 모자(母子)가 함께하는 발명 수업을 블록으로 한 일이 있다. 물론 수업을 시작하기 전에 엄마들에게 가급적 자녀들이 만드는 과정을 지켜보고, 보조만 해줄 것을 당부하고 시작했다.

처음에는 엄마들이 아이와 함께한다는 즐거움으로 아이가 만드는 것에 관심을 가지고 조용히 지켜보다가, 당신의 아이가 다른 아이에

비해 떨어지는 것을 보면 얼굴빛이 변하면서 조금씩 간섭을 시작한다.

나중에는 엄마들의 참견과 간섭은 핀잔으로 이어지고, 결국 엄마가 만들고 아이는 재료를 찾아 주는 교육과정을 가끔씩 볼 수가 있었다. 따라서 엄마들의 욕심에 의해 이루어지는 자녀 비교 교육이 고쳐지길 바라며 근본적인 블록의 교육 목적을 소개한다.

블록으로 하는 교육은 CEO 훈련이다.

블록으로 학생이 무엇인가를 만든다는 것은 그 학생이 머릿속으로 벌써 무엇을 만들 것인가를 설계하고 구상했다는 것이다. 때로는 아무 생각 없이 이것저것 맞추다가 뜻하지 않는 작품을 만들기도 하지만, 대부분 자신이 구상한 작품을 만들기 위해 진지하다. 간혹은 설계도를 변경해 가면서 나름 자신의 상상을 실현하기 위해 최선을 다하고 있는 것이다.

그런데 엄마가 간섭을 하고 핀잔을 하면 어떻게 될까?

아이를 CEO로 키우는 방법

아이는 엄마로 인해 자신이 설계한 것과 다른 구조물을 만들게 되면서 흥미를 잃게 되고 지나친 엄마의 간섭은 첫째, 아이의 창의력을 말살 시키고 둘째, 아이의 의지를 꺾는 것이며 셋째, CEO훈련을 노무자 훈련으로 전락시키는 것이다.

"첫째, 창의력을 말살 시키는 것"은 아이 나름대로 설계한 것을 무시한 엄마로 인해 아이들의 창작 의욕이 상실된다는 것이다. 자신이 상상하여 만든 것이 아무 쓸모가 없음을 확인하게 되고 다시는 창의력을 발휘하고자 하는 생각을 하지 않게 된다. 특히 엄마의 핀잔이 있었다면, 핀잔을 받은 아이는 수치심까지 갖게 되어 자신의 창의력을 누구에게 이야기하거나 표현하기를 꺼려하게 된다. 결국 아이가 자신의 의견을 발표하는 것조차 두려워 할 수 있다는 것을 알아야 한다.

"둘째, 의지를 꺾는 것"은 엄마의 나무람으로 인해 남을 비난하는 것을 배우게 되고, 스스로 하려는 의지를 꺾게 되며, 자신이 하는 일은 별 볼일 없다고 생각하여 자아 존중감을 잃게 된다는 것이다.

아이가 잘못하는 것은 당연하다. 처음부터 잘하는 사람은 없다. 옆에서 잘하는 아이는 이곳이 아닌 다른 곳에서 많이 그것을 만들어 봤을 것이고, 먼저 경험했을 것이라 생각하여 아이에게 상처를 줘서는 안 된다.

자녀가 하는 일을 비난하고 하는 일을 막는 것은 진정 아이를 위한 것이 아니다. 방긋방긋 웃어주던 유아기 때 엄마들은 무조건 잘한다며 "오~, 그래~, 아이고, 잘하네"하며 칭찬하던 시절을 잊지 말고 아이에게 같은 방식으로 대해 보자. 그렇다면 아이들은 매사에 자신감을 갖고 창의력을 발휘하는 세상의 주인공으로 살아갈 것이다.

"셋째, CEO 훈련을 노무자 훈련으로 전락시키는 것"은 아이들이 블록으로 빌딩을 지을 때 스스로 설계하고 만들면서 마음에 들지 않으면 수정도 하고 자신만의 빌딩을 완성해 나가야 하는데, 엄마의 간섭으로 주도권을 뺏긴다는 것이다. 아이가 혼자서 블록 놀이를 하면 스스로 해냈다는 만족감과 성취감을 느끼고, 자신이 이 빌딩을 설계에서 건축까지 완성하고 지휘한 CEO가 되었다는 뿌듯함을 느낀다.

그러나 중간에 엄마가 간섭을 하고 핀잔을 하면서 "야! 내가 만들게. 너는 저리 가. 그리고 이거 이리 주고, 이거 저리 놓고"하면서 지휘권을 빼앗고 아이에게 심부름만 시킨다면, 아이는 CEO에서 순간 노무자로 전락하게 되는 것이다.

아이를 CEO로 키우고 싶다면 노무자 훈련을 시키지 말고 CEO훈련을 시켜라.

정녕 내 아이의 창의력을 키워 주고 싶다면 칭찬과 보상을 아끼지 말고, 블록을 가지고 많이 놀게 하고 블록을 가지고 놀 때 칭찬과 격려를 아끼지 마라. 칭찬은 고래도 춤추게 한다고 하지 않는가? 그리고 블록의 주인은 엄마가 아니고 아이가 주인이 되도록 하고…….

Happiness Tip

처음부터 잘하는 사람은 없다.
잘하는 사람은 다른 곳에서 이미 많이 그것을 경험해봤을 것이다.
모든 성취는 곧 훈련의 결과다.

터키 여행의 '모든 없다'

7박 8일간의 여행이 주는 여운

8. 스쳐가는 인연에도 행복이 묻어 있더라고 전해라

정년을 앞두고 그동안의 직장 생활과 앞으로의 생각을 정리할 요량으로 동반자 없이 혼자서 여행을 가기로 마음먹고, 여행사에 터키 여행을 신청하였다. 저마다 사연으로 모인 버스 안에는 경기도와 서울에서 10명, 부산과 대구에서 10명, 전북 김제 친목회에서 6명이 일행이 되어 9박 8일간 함께하는 여행이 시작되었다. 오랜만에 구수하고 정감 있는 경상도와 전라도의 지방 사투리들을 듣는 것만으로도 힐링이 되는 기분이다.

그런데 인솔 가이드는 평균 연령이 60대가 넘는 여행객의 입장은 생각하지 않았다. 융통성 없이 가이드의 할 일만을 하려는 듯, 터키 역사와 관광지 설명에만 여념이 없고, 여행객의 눈치는 살피지도 않는다.

그러다 보니 가이드와 여행객 사이나, 여행객들조차 서로 어색해하였다. 여행하는 사람들 모두 이렇게 서먹해하는 것을 보고, 가이드에게 귀띔을 해주었다. 여행객들이 자신을 소개하는 시간을 가지면 서먹함이 좀 해소되지 않겠느냐면서 말이다.

그러자 다음 관광지를 향해 버스가 움직이기 시작하자, 가이드의 안내로 마이크가 여행객에게 넘겨지게 되었다.

80살의 남편과 함께 오신 깔끔하고 세련된 할머니가 먼저 마이크를 잡는다.

"내가 먼저 소개를 하겠습니다. 저는 72살이고 수지에서 왔습니다. 그리고 성악을 전공했고 교회 권사입니다. 우리가 이렇게 만난 것도 인연인데, 우리의 만남을 위해 제가 먼저 '만남'이란 노래 한 곡 하겠습니다."

성악을 전공한 사람답게 멋들어진 노래 한 자락을 뽑아낸다. 노래가 끝나고 '앵콜~' 소리와 함께 환호성이 울려 퍼졌다. 그러자 기다렸다는 듯이 언제나 남자처럼 활달하고 거침이 없이 활동하던 맨 뒷자리에 앉아 있던 경남 곡성에서 온 아주머니가 성큼성큼 앞으로 나왔다. 그러더니 "내도 노래 한 자락 하겠습니더" 하고는 마이크를 잡는다.

그런데 아무런 멘트 없이 준비된 노래인양 곡성 아주머니는 '숨어우는 바람소리의 노래'에 이어 2곡을 더 불렀다. 그런데 감탄할 정도로 노래 소리가 구성지고 맑고 청아하다.

터키 여행의 '오토 없다'

곡성 아주머니의 행동과 말투와는 전혀 정말 전혀 어울리지 않는 맑은 목소리에 모두 감탄을 하였다. 그리고 '앵콜~' 을 연호하는 중에 함께 섞여 전북 김제에서 온 아주머니들의 목소리가 시끌시끌하다.

"오토! 자네가 우릴 대표해서 한 마디 해 봐, 우리가 질순 없잔녀, 한 번 보더라구!"

"그럼, 우리가 질순 없지!"

은근히 지역 대항전처럼 시샘이 벌어지는 듯하다. 그리고 후렴구 섞인 아주머니들의 걸쭉하고 진한 농담이 큰 웃음소리로 버스 안을 가득 채운다. '깔깔깔……' 웃음소리가 쉬지 않고 들려온다.

그러자 중간에 앉아 있던 조금은 어수룩하고 순박해 보이는 아주머니가 또 '깔깔깔……' 웃음소리를 내며 앞으로 나온다. 이어 마이크를 잡고 큰 웃음소리를 내더니 이야기를 시작한다.

"나는 방바닥 체질이지 마이크 체질이 아니라 마이크 잡구는 말을 못하는디, 자꾸 하라구 하닝께 하기는 하는디 잘 될랑가 모르겄네."

이 말을 한 마디 하고 나서도 또 깔깔대며 웃는다. 이어서 계속 한 마디 말을 할 때마다 혼자서 웃는 웃음소리는 버스 안을 울린다. 무엇이 그리 재미가 있어 저렇게 웃을까를 생각하며 귀를 기울이자, 김제 아주머니의 이야기는 웃음소리와 함께 시작되었다.

"아~ 글씨, 우리 마을에 우리 집에 잘 놀러 오는 아줌니가 있는디, 그 아줌니 이야기 좀 할라요."

역시 이 이야기 중에도 계속 아주머니의 깔깔깔깔 하는 웃음소리는 빠지지 않고 추임새처럼 들려온다. 그리고 계속 또 말을 이어간다.

"아, 글씨 그런데, 이 아줌니가 자동차 운전면허를 따기 위해 시험을 보러 갔는디, 이론 시험을 볼랑께 너무 어려워 그냥 공부를 해서는 도저히 합격을 할 수 없겠더란 것이여. 그래서 어찌할꼬 생각을 하다가 답지를 천정에 붙여 놓고 만날 누워 잠을 잘 때까지, 1번은 가, 2번은 다, 3번은 나, 4번은 라. 5번은 ……, 하는 식으로 열심히 답만을 암기해서 필기시험을 10번 만에 어떻게 통과를 했는디, 실기시험이 더 문제더란 것이지. 실기시험은 암기하는 것도 아니구, 보는 대로 자꾸 떨어지더라는 거셔."

이 이야기를 하는 중간에도 웃음은 역시 그치지 않는다.

"근디 시험만 보고 오면 전주에 사는 언니한테서 전화가 와 하는 말이……."

전주 언니 : 야야~ 또 떨어졌냐? 오토로 보면 쉬운디, 거기는

오토가 없다냐? 오토는 면허 따기가 쉬운디, 거기에 오토가 없으면 여기 전주는 많응께 전주에 와서 시험을 봐버려라.

마을 아줌니 : 뭐라 씨부렁거리는 겨(혼자말로)
여기는 오토 없다. 그래도 여기서 할랑께, 걱정 말고 언니 걱정이나 하더라고 잉~.

전주 언니 : 야야, 뭔 소리여. 오토가 을마나 편하고 좋은디, 왜 그러냐?

마을 아줌니 : 아니, 오토 필요 없당께. 뭔 말을 자꾸 그랬싼는디야~.

전주 언니 : 아니, 오토로 하면 면허 따기가 쉬운디, 왜 오토가 필요 없다는 거셔, 시방?

마을 아줌니 : 아, 글씨 오토 필요 없당께, 왜 자꾸 씨부렁거리는 것이여~? 나 오토 필요 없어~ 긍께 더 나한테 오토 이야기 하지 마. 알아들었어? 알아 들었냐구? (언성을 높이며)

전주 언니 : 아니, 왜 그러냐? 오토가 얼마나 편하고 존디~,

그래, 니 맘대로 해버려라.

마을 아줌니 : 언니? 내가 시골에 산다고 무시하는 거셔? 뭐셔? 나는 만날 오토나 타야 하고 자동차 운전을 하면 안 된다는 거셔, 뭐셔, 나도 언니 맹께로 돈 있어 무시하지 말더라구 잉. 맨날 오토나 타고 다니는 신세가 아닝께 전화 끊어 버리더라구. (찰칵, 전화 끊는 소리) (아이구! 참 날 무시해도 유분수지 이제 나도 언니 맹큼 산다고 자기만 잘날 줄 알고 지랄하구 있어 : 혼잣말)

9박 8일간의 여행이 주는 여운

다시 김제 아주머니 이야기가 이어진다.

김제 아주머니 : 이렇게 싸움을 하고 왔다며 마을 아줌니가 푸념을 하는디 너무 웃겨 죽겠더라고(깔 깔 깔 깔 깔~) 아~ 글쎄 자동차 오토를 오토바이로 알고 "오토 없다"고 언니에게 지랄을 떨었으니 이 일을 어찌 할겨(깔 깔 깔 깔~)

그러더니 또 그 마을 아줌니가 나한테 계속 이야기를 하는디

마을 아줌니 : 언니하고 전화를 끊고 여길 오는디 아 글씨 이불알씨를 만났잔녀 아~, 글씨 이불알씨도 오토로 시험보지 그랬냐구 나한테 지랄하잔녀
그래서 아니 오토 없당께 왜들 그랬싸요? 하고 신경질을 내구 왔지?

김제 아주머니 : 아니 근디 이불알씨가 뭔디 이불알씨 이불알씨 하고 욕을 하는겨? 시방?

마을 아줌니 : 아니, 욕이 아니라 저~ 건너편에 사는 '이불집 아저씨' 물러?

김제 아주머니 : 아 이불집 아저씨, 이불집 아저씨를 이불알씨라고 하니 어떻게 알아들어, 하여간 그 아주머니는 우리 마을의 명물이지라.(깔깔깔 깔~)

그 뒤로도 그 특유의 웃음소리와 함께 김제 아주머니 이야기는 계속된다.

한 번은 친목회원들과 함께 제주도에 가서 해수욕을 하고 간이 샤워실에서 샤워하기가 귀찮아 리조트에 돌아와 샤워를 할 요량으로

샤워를 하지 않고 오는데 개울물이 흐르더란다. 개울물이 흐르는 것을 보고 오다보니 바다 소금물에 찰싹 달라붙은 머릿결이 흉한듯해 머릿결을 살리기 위해 그 물로 대충 머리에 물을 묻히고 들어오는데 지나가는 아저씨가 한 마디 하는디

아저씨 : 아니, 아주머니는 왜 머리에 라면 가닥을 붙이고 다니세요?

김제 아주머니 : 뭔 소린가 싶어 머리를 만져보니 퉁퉁 불은 라면 가닥이 머리에 붙어 있잔여~ 그래서 썼던 선글라스를 벗고 조금 전에 머리를 씻었던 물을 바라보니 아 글씨, 그 물은 리조트에서 흘러나오는 시커먼 하수구 물이잔여 얼마나 창피했는지(깔 깔 깔 깔 깔~) 지금 생각해도 창피해버리잔여

김제 아주머니 이야기에 버스 안에 탔던 여행객들을 다시 웃음바다다. 그 외에도 김제 아주머니는 '게이트 볼장'을 '게털보장'이라 불러 오해를 샀다는 이야기 등으로 굳었던 여행객들의 얼굴에 환한 웃음꽃이 피게 만들었다.

9박 8일간의 여행이 끝나고 다시 일상에 적응하려니 정감 있는 이야기로 여행객들의 피로를 풀어 주던 오토 아주머니 이야기와 순박한 김제 아주머니들, 그리고 먼저 베풀고 항상 따뜻하게 챙겨 주던

자상한 서울 자매님들이 생각난다. 그리고 모녀가 함께 온 선생님들과 2자매와 함께 온 엄마, 대구의 선생님 부부들, 부산에서 친구와 함께 온 여성분들(?), 고기를 잡으면서 취나물을 재배한다는 곡성에서 온 부부, 그리고 지긋한 나이에도 당당함을 잃지 않는 수지의 노부부 모두가 그립고 생각이 난다.

터키를 함께 여행한 따뜻했던 일행들에게 헤어질 때 드리지 못했던 인사를 이제 드리겠습니다. 여행하는 동안 혼자 왔다고 모두 제게 신경 써주셔서 고맙고 감사했습니다. 앞으로 살아가는 동안 9박 8일간 즐거웠던 기억은 생활이 힘들 때 제게 활력소가 될 것입니다. 그리고 여러분 모두를 오랫동안 기억할 것입니다.

여행을 함께했던 여러분들 덕에 즐거웠고 행복했습니다.

모두 감사합니다. 모두 모두 건강하시고 행복하세요.

사랑합니다!

Happiness Tip

행복은 스쳐가는 인연에도 서로의 추억을 나누면서 생겨난다.

작은 인연이라도 소중히 여기며, 사람 사이의 마음의 정을 나눈다면 인생의 즐거움은 더 쌓일 것이다.

나눌수록 소중한 추억이 남은 인생을 더 행복하게 해준다.

PART Ⅲ.

행복의 파랑새는 가까이에

화가 났을 때는 막후작업을 하라

'내가 이 말만은 하지 않으려고 했는데……'

1. 천사 엄마

아들은 내일이 시험인데 저녁 6시가 되어도 오지 않는다. 엄마는 불안하면서도 도서관에서 공부를 하나 싶어 한편으로는 위로를 하며 아들을 기다렸다. 그런데 아들은 저녁 7시가 되어도 오질 않는다. 내일이 중간고사 시험이 있는 날인데 엄마는 초조해지기 시작한다. 엄마의 머릿속은 하얗게 변하기 시작하고 이런 저런 상상 속에 혼란스럽다.

엄마는 학교로 전화를 걸었다.

"여보세요? 여기는 진영이네 집인데요. ○○ 중학교이지요?"

"네 그렇습니다. 무엇을 도와드릴까요?"

"다름이 아니라 2학년 4반 임진영 학부모입니다. 그런데 우리 진영이가 아직까지 집에 오지 않아서 그러는데 학교 도서관이나 다른 곳에 학생들이 남아 있나요?"

전화기 저편에서 점잖은 할아버지의 목소리가 들린다.

"학교에는 도서관에서 공부하는 학생 이외에는 없는데요. 제가 도서관에 가서 2학년 4반 임진영 학생이 있는지 확인하고 연락을 드리겠습니다."

친절하게 확인해 준 결과, 아들 진영이는 학교 도서관에도 없다는 연락이 왔다. 엄마는 낙담했다.

'이 녀석 내일이 시험인데 어디 간 거야? 이 녀석 어디로 놀러 간 거 아니야? 오락실에 갔나? 이 나쁜 놈 내일이 시험인데 오락실을 가?'

엄마는 아들이 오락실에 갔을 것이란 생각으로 화가 머리끝까지 치밀어 올라 돌아오면 야단칠 생각으로 가득 차 있다. 엄마는 마음속으로 계속 '오기만 해봐라' 하며 애를 태우고 있었다.

그런데 8시가 지나도 아들은 돌아오지 않는다. 평상시에도 이렇게 늦은 일이 없었다. 더구나 내일이 시험인데 이렇게 늦는다는 것이 왠지 불길하고 불안한 생각이 들기 시작한다. 엄마는 무슨 일이 난 것 같아 마음이 조마조마하고 초조해진다.

'교통사고라도 난 것 아닌가? 아니면 불량배들한테? 아냐 그럴 리는 없어. 재수 없는 생각은 하지 말아야지. 그럼 어디 갔을까?'

엄마는 불안해서 안절부절못한다.

화가 났을 때는 막후작업을 하라

밖을 들락거리며 아들이 오길 기다리다가 집안에서 창밖을 보니 가로등 불빛 아래 축 처진 모습으로 힘없이 걸어오는 아들의 모습이 보인다. 엄마는 스스로의 분을 참지 못해 소리치며 빨리 뛰어 오라고 야단을 치려다 잠깐 숨을 고른다.

'어찌 해야 할까? 그냥 야단을 친다면 아들과의 관계는 나빠질 테고……. 오늘 저녁 공부도 해야 하는데…….'

엄마는 머릿속이 더욱 복잡해진다.

그때 그동안 자녀 교육에 대해 수업을 받으면서 들었던 이야기가 엄마의 머릿속에 퍼뜩 떠올랐다. 첫 번째, 내 자녀를 다른 애와 비교하지 말고 두 번째, 비난하지 말고 세 번째, 상대에게 상처 줄 말은 하지 마라. 그리고 마지막으로 화가 났을 때는 막후작업을 하고 사람을 만나라던 선생님 말씀이 생각났다.

보통 부부 싸움을 할 때나 자녀를 나무랄 때나 싸움이 커질 때를 보면, 으레 '내가 이 말만은 안 하려고 했는데……' 하면서 할 이야기를 다 하는 경우가 있다. 그 말을 하면 속이 후련해지는 것처럼 자신의 스트레스를 풀기 위해 하는 말이 대부분이다.

그런데 그 말은 상대에게 치명적인 상처를 주는 말이다. 유치원생에게 부부 싸움을 하는 엄마, 아빠를 그리라고 했더니 엄마, 아빠 입에서 불을 뿜어 내는 그림을 그렸다고 한다. 불에 덴 상처는 평생 없어지지 않고 영원히 남는다. 우리들의 싸움 중 흔히 하는 말 중에 '이 말만은 하지 않으려고 했는데……' 라며 하는 말은 불에 덴 상처처럼 뼛속에 새겨진다고 한다.

그리고 화가 났을 때는 상대를 만나기 전에 막후작업을 하고 상대를 만나라고 한다. 화가 난 상태로 그냥 만나면 그 화난 표현이 그냥 직설적으로 나가게 되어 '이 말은 하지 않으려고 했는데' 라는 말을 생각 없이 쉽게 하게 된다는 것이다.

'막후작업' 이란 말 그대로 무대에서 막이 내려진 뒤 다음 무대를 위해 준비하는 작업이다. 화가 났을 때 집안에서의 막후 작업은 막 뒤 대신 화장실에 들어가 물을 세게 틀어놓고 미리 하고 싶은 말들을 다 토해 내라는 것이다. 그렇게 하면 속이 조금 후련해지고, 그때 나와서 이야기를 하면 화가 가라 앉아 이성적으로 이야기를 할 수 있다는 것이다.

진영 엄마는 아들을 그냥 맞이하려다 진영이가 오기 전에 기다리며 했던 많은 생각들을 정리하면서 막후작업을 하기로 하고 화장실로 들어가 물을 틀었다. 그리고 외치기 시작했다. "너, 지금이 몇 시야? 너, 내일 시험 어떻게 보려고 그래? 시험공부는 하기는 했어? 도대체 정신이 있는 거야, 없는 거야? 어디 갔다 왔어? 도대체 너, 왜 그래? 넌 뭐가 되려고 그렇게 속을 썩이니? 뭐가 불만이야? 어떤 오락실에서 놀다 오는 거야? 말해! 너도 너 같은 자식 둘도 말고 하나만 낳아서 키워 봐라. 어미아비 속처럼 너도 뒤집어질 거다."

'내가 이 말만은 하지 않으려고 했는데……'

한참동안 막후작업을 하고 나니 속이 후련해진다. 그때 맞춰 '딩동~ 딩동~' 하고 현관 벨이 울린다. 엄마는 차분하고 점잖은 목소리로 아들을 맞이하며 "그래 늦었구나. 밥은 먹었어?라고 묻는다. 차분한 엄마의 목소리에 아들은 의아한 표정을 지으면서 "아니요. 엄마, 배 고파요. 밥부터 주세요"라고 말한다.

"그래, 앉아라."

아들은 허겁지겁 밥을 퍼먹으면서 이야기를 시작한다.

"엄마, 오늘 정말 죄송해요. 사실 일찍 집에 와서 공부를 하려고 친구들과 오는데 옆 학교 친구들이 야구장에서 기다리는 거예요. 야구 시합을 하자고. 그런데 우리 친구 9명이서 한 명이라도 빠지면 안 되는 상황이었어요. 사실 저는 빠지고 싶었는데 만약 제가 빠지면 학교가 망신을 당하게 되고, 저는 왕따를 당할 것 같아 할 수없이 야구 시합을 하게 되었어요. 그리고 시합이 끝난 다음에 배가 너무 고파 가지고 있는 돈들을 모두 꺼내 간식을 먹다 보니 차비도 없어 걸어오게 되어 늦었어요. 미안해요. 얼른 저녁 먹고 공부 열심히 해서 내일 시험 잘 볼게요."

엄마는 기가 막힌다. 그런데 어찌하랴. 그냥 아들이 하는 모양을 지켜보며 그러라고 타일렀다.

그런데 아들은 책상에 책을 주섬주섬 꺼내놓고 책을 보는가 싶더니 책상에 엎드려 그냥 잠을 잔다. 엄마는 가슴이 무너지는 심정이다. 깨운다 해도 다시 조느라 공부하기는 틀린듯한데, 엄마는 아들에게 터지는 속을 짓누르며 "진영아! 책상에 엎드려 자지 말고 침대에 누워 자렴." 점잖게 이야길 했다.

진영은 눈을 부비며 "엄마, 내일 새벽에 일찍 일어나 공부할게요" 하며 침대에 드러누워 코를 골며 깊은 잠에 빠진다.

진영은 아침에 일찍 일어나기는커녕 깨워서 학교 가기에 바쁘다. 다행히 다음날부터는 진영이가 열심히 공부하는 모습이 보였다. 그 뒤로 며칠이 지난 뒤 학교에서 돌아오는 아들이 함박웃음을 띠고 뛰어 들어오며 엄마를 부른다.

"엄마! 오늘 우리 학교에서 엄마가 천사 엄마로 뽑혔어. 시험 보기 전날 야구를 했던 다른 친구들은 집에 가서 저녁도 먹지 못하고 밤새 야단맞느라 잠도 못 자 다음날도 시험을 망쳤대. 그런데 나는 엄마가 저녁을 차려 주어 저녁도 잘 먹고 잠도 푹 잤다고 하니까 친구들이 모두 엄마를 천사 엄마래. 천사 엄마 고마워요."

아들의 벌어진 입은 다물 줄 모르고 계속 이야기를 한다. 그리고 "엄마! 첫날 시험은 조금 망쳤지만. 그래도 이번 시험 잘 봤어. 엄마! 다음에는 더 열심히 할게"라고 말한다. 엄마는 그날 막후작업으로 하고 싶은 말들을 잘 참았다는 생각이 들었다.

우리는 무슨 말인가를 하고 불리해질 때 '다 너를 위한 것이다' 라고 이야기를 하는 때가 있다. 그런데 정작 아이들은 그 말을 제일 듣기 싫어한다고 한다.

우리가 '내가 이 말은 하지 않으려고 했는데' 하면서 쏟아내는 이야기가 내 스트레스를 풀기 위해 하는 이야기는 아닌지 반성해 볼 필요가 있다. 내가 하는 행동과 내가 하는 말들이 진정 내 아이의 장래를 위한 것인지, 아니면 내 스트레스를 풀기 위한 것인지, 아들이 하는 행동의 결과가 나로부터 기인한 것이 아닌지.

나를 평가하는 것은 나의 행동에서 나오게 된다는 생각을 다시 한 번 해본다. 천사 엄마! 엄마의 입가에 밝고 환한 미소가 번지고 엄마 혼자서 불러본다.

천사 엄마! 천사 엄마!

Happiness Tip

우리가 '내가 이 말만은 하지 않으려고 했는데' 하면서 쏟아내는 이야기가 내 스트레스를 풀기 위해 하는 이야기는 아닌지 반성해 볼 필요가 있다.

넓어진 뇌세포의 방을 무엇으로 채울 것인가

친구처럼 이해하는 엄마가 되어라

2. 왜 중학교 2학년 학생이 무서운가?

이곳저곳 강의를 다니면서 학생들을 만날 때 간혹 이런 질문을 해 본다.

"자살을 생각해 본 경험이 있는 학생은 손들어 봐요."

그냥 뜬금없이 질문을 하면 학생들이 손을 들지 않지만, 자유스런 분위기를 조성하고 조사하면 70에서 80퍼센트의 학생들이 손을 든다. 우리 부모님들은 '설마, 내 자식은 아니겠지……' 라고 생각하겠지만, 의외로 많은 학생들이 자살을 생각해봤다고 한다. 그리고 그 중 10에서 20퍼센트의 학생들은 죽고 싶은 충동을 가끔씩 느낀다고 한다.

학생들에게 방학 전에 통지표를 나누어 주려 하면 "선생님, 방학 끝나고 통지표를 주시면 안 돼요?"하고 묻는 학생이 많다. 그리고 많은 학생들은 중학교 때부터 부모님들이 어디를 가자고 할 때 따라다니지 않으려고 한다. 왜 그러는지 생각해 보았는가?

학부모 강의를 할 때 가끔씩 "북한의 김정은이 왜 장거리 미사일을 발사하지 않았을까요?"라는 질문을 하면 분분한 의견을 내기도 한다. 하지만 이제는 많은 사람들이 "중학교 2학년 학생이 무서워서"라고 대답을 하곤 한다. 이제 학부모들도 정확하게 중학교 2학년 학생의 문제를 잘 알고 있는 듯하다.

그렇다면 왜 중학교 2학년이 무서울까?

사춘기가 빨리 와서? 질풍노도의 시기라서? 사춘기 시절을 '질풍노도의 시기'라 부르고, 왜 학생들은 그렇게 질풍노도처럼 행동하는 것일까?

넓어진 뇌세포의 방을 무엇으로 채울 것인가

어떤 학자의 조사에 의하면, 초등학교에 다니는 어린이들은 전두엽에 있는 10평 정도의 생활을 관장하는 세포가 어린이의 모든 것을 제어할 수 있다고 한다. 그 10평의 세포는 담임선생님 한 분과 부모님 정도를 컨트롤 하는데, 중학생이 되면 그 관할 구역이 넓어지고 관계가 대단히 복잡해진다.

그 이유는 중학교에 입학하고 나면 수업시간에 만나는 선생님이 기본적으로 12명으로 늘어나고, 학습량은 폭주하면서 고입과 관련해 친구들과 경쟁을 해야 하고, 이성간의 문제와 선생님보다 무서운 선배와의 관계까지 복잡하기가 이를 데 없이 얽히고설키기 때문이라고 한다.

따라서 중학교에 들어오게 되면 이런 현상들을 자연스럽게 깨닫고 생활을 관장하는 뇌세포는 능력의 한계를 느끼게 된다. 그래서 중2가 되면 전두엽에서 구조변경 작업을 시작하게 된다. 뇌구조의 구조변경은 사람마다 차이가 있어 어떤 학생은 20평으로 늘리고, 어떤 학생은 200평, 아니 1,000평으로 늘리기도 한다.

가정에서 구조변경 사업을 할 때 보면 방과 거실의 크기를 늘리기 위해서는 전기 배선이나 수도 가스 시설을 옮겨야 하기 때문에 가스관이나 전기선, 수도관을 절단한다. 마찬가지로 중학교 2학년 학생들도 뇌세포의 구조변경을 위해 자신의 뇌에 연결된 가스관이나 수도관, 전기선 등에 해당되는 신경 선들을 자른 상태로 보면 좋을 듯하다.

간혹 우리가 가스폭발 사고를 보면 가스가 실내에 가득 차 있는 상태에서 누가 불을 켜는 순간 폭발이 일어나는 것을 볼 수 있다. 마찬가지로 중학교 2학년 학생들의 뇌에는 확장 공사를 위해 가스 배관을 잘라 가스가 가득 차 있는 상태이다.

그 상태에서 누가 잘못 성냥불이라도 긋는다면 폭발을 하게 된다. 그래서 그 무렵에 대형 사고가 일어나는 것이고, 그때 일어나는 그 사건 폭발로 인해 중학교 2학년 학생들을 무섭다고 하는 것이다.

또 한 가지, 간과해서는 안 될 것이 있다. 바로 그 넓어진 뇌세포의 방을 무엇으로 채울 것인가 하는 문제다. 그것은 구조변경 작업을 하는 시기에 학생들이 현재 하고 있는 일들을 기억으로 채우게 된다. 그리고 그것이 나중에 잠재의식으로 나타나 그 사람의 인격을 형성할 수 있다고 한다.

예를 들면, 도서관에서 문학적인 책으로 채우든가, 아니면 음악, 미술, 정치, 경제, 아니면 야동, 아니면 다른 그 무엇으로 채울 것인지가 중요하다는 것이다.

친구처럼 이해하는 엄마가 되어보자

아이가 5에서 6세 때는 엄마와 이야기를 하고자 할 때 어떻게 했는지 생각해 보자. 아이가 엄마의 치마폭을 끌어당기면서 "엄마! 나 쳐다 봐!"라고 했을 것이다. 그때 아이의 행동은 엄마와 이야기하자는 것이었고, 엄마는 아이의 눈높이로 눈을 마주 보면서 이야기를 해주었을 것이다.

그러나 5에서 6학년이 되면 아이가 나 쳐다보라며 이야기를 해도 엄마는 설거지나 다른 일을 하면서 "그래, 어서 이야기해 봐"라고 말하며 귓등으로 듣는 경우는 없지 않았는가? 그렇게 하게 된 이야기는 소통이 되지 않고 결국 아이와 다툼이 일게 된다. 결국 아이는 "엄마는 내 말은 듣지도 않고……. 이제 나, 이야기 안 해!"하면서 입을 닫기 시작한다. 그때부터가 엄마와 자녀의 갈등이 시작되는 지점일 것이다.

2010년에 우리나라 청소년들이 202명이나 자살을 하고, 매일같이 152명의 학생이 학교를 떠났다고 한다. 귓등으로 듣는 엄마와의 대화가 아니라, 눈으로 이야기하는 엄마가 되어야 한다. 핀잔을 주면서 엉덩이를 때리는 엄마가 아니라, 등을 두들겨 주면서 격려하는 엄마를 아이들은 바란다.

한평생을 함께하고 올바르게 자라는 내 자녀를 기대하려면 친구처럼 이해하는 엄마가 되어보자. 중학교 학생들이 부모보다 친구를 좋아하는 이유는 자신의 입장에서 자신을 이해해 주기 때문이다. 엄마들도 자녀에게 그렇게 해야만 엄마가 함께 가자고 할 때 따라가고 싶은 마음이 들 수 있다. 그리고 함께 대화를 할 수 있는 자녀가 되어야 질풍노도의 시기라 불리는 사춘기를, 중학교 2학년 시기를 무섭지 않게 보낼 수 있을 것이다.

Happiness Tip

질풍노도의 시기에 도서관에서 문학적인 책으로 채우든가,
아니면 음악, 미술, 정치, 경제, 아니면 야동,
아니면 다른 그 무엇으로 채우는가에 따라 앞으로의 인생이 달라진다.

3. 당당한 모습은 그 어떤 외모보다 매력적이다

'우리는 자신이 지닌 것은 거들떠보지 않고, 항상 없는 것만을 생각한다' 고 쇼펜하우어는 말했다. 정말 우리가 갖고 있는 소중한 것은 거들떠보지 않고 항상 없는 것만을 생각하는 우리들의 성향이야말로 이 세상에서 가장 큰 장애물이고 비극이다.

그렇게 인지도가 높은 연예인이나 정치인이나 재력가들이 부족함 때문에 유명을 달리 했을까? 우리 같은 평범한 사람들은 그들이 가지고 있는 것들을 부러워하는데, 그들은 자신이 가지고 있는 것을 생각하기보다 갖고 있지 않은 것만을 생각하기에 죽음을 선택하게 된다고 한다.

아름다운 목소리를 지닌 소녀가 있었다. 그녀의 꿈은 자신이 가지고 있는 아름다운 목소리로 노래를 부르는 가수가 되는 것이었다. 그러나 그녀는 입이 크고 뻐드렁니가 튀어 나온 결정적인 핸디캡 때문에 대중 앞에 서는 것을 주저하고 망설이게 되었다.

어느 날 그녀는 주변사람들의 권유로 노래자랑에 나가게 되어 처음으로 무대에서 노래를 하게 되었다. 그런데 그녀는 노래하는 내내 앞으로 튀어 나온 뻐드렁니가 보일까봐 노래하는데 신경 쓰기보다, 뻐드렁니를 감추기 위해 노력하며 스스로를 매력적인 모습으로 보이려 애를 썼다.

결과는 당연히 좋지 않았고, 많은 사람들에게 웃음거리가 되었다. 스치며 지나가는 사람들이 자신을 보며 수군거리는 것 같아 그 곳을 도망치듯 나오는데, 그곳에서 그녀의 노래를 들은 한 중년신사가 그녀에게 다가와 밝게 웃으며 말을 건네 왔다.

"이봐요, 아가씨. 내가 아가씨의 노래를 들어 봤는데 아가씨의 목소리가 정말 아름다웠어요. 그런데 아가씨가 무엇인가를 숨기려 애쓰는 모습이 안타까웠답니다. 이제 보니 아가씨가 무엇을 숨기려 했는지 알겠네요. 바로 앞으로 튀어 나온 뻐드렁니를 부끄러워하는 것이죠?"

소녀가 당황해 피하려 했지만 이 중년 신사는 이야기를 계속했다.

“그게 어때서 그래요? 그 뻐드렁니 있는 것이 무슨 죄라도 되나요? 숨기지 말고 입을 크게 벌리고 노래하세요. 아가씨의 그 큰 입과 뻐드렁니 덕분에 노래를 잘할 수 있는 것 같네요. 그리고 관객들은 아가씨가 그걸 부끄러워하지 않는 모습에 더 매력을 느낄 것입니다.”

“세상은 가짜를 원하지 않습니다. 위조지폐는 아무도 찾지 않는 것처럼…….”

부러움은 무지이며 모방은 자살과도 같다

도망치듯 나오는 소녀의 등 뒤로 중년 신사가 외친다.

“아가씨! 아가씨는 아가씨가 감추고 싶어 하는 그 뻐드렁니 덕분에 큰돈을 벌 수 있게 될 것입니다. 입을 작게 하려 하지 말고 뻐드렁니를 감추며 노래하려 애쓰지 말고 당당하게 노래하세요. 아가씨의 매력적인 목소리와 관객만 생각하구요.”

소녀는 그 곳을 황급히 떠나왔지만 따뜻한 칭찬과 예리한 통찰력으로 그녀에게 충고를 해주었던 그 중년신사의 말을 늘 떠올리며, 자신의 뻐드렁니와 큰 입은 생각하지 않고 오직 관객만 생각하면서 노래를 부르게 되었다.

당당하게 큰 입을 크게 벌리고 뻐드렁니 따위는 신경 쓰지 않고 열정적으로 흥겹게 노래를 부르기 시작한 그녀는 영화나 라디오에서 톱스타가 되었고, 그를 코미디언들이 흉내 내기에 바쁠 정도로 유명해지게 되었다. 이 이야기는 미국의 데일리라는 가수의 실제 이야기이다.

채플린이 처음 영화에 출연하던 시절, 감독은 그에게 당시 인기 있던 독일의 코미디언 흉내를 내라고 했다고 한다. 하지만 채플린은 자신의 연기를 하기 전까지는 전혀 인기를 끌지 못했다.

부러움은 무지이며 모방은 자살이라고 한다. 싫든 좋든 내가 가지고 있는 나를 나의 몫으로 받아들이고, 남을 흉내 내려 하지 말고 스스로를 찾는 내가 되어라. 그래야만 자신에게 주어진 행복이 커지게 된다.

없는 것을 자신에게서 찾지 말고, 가지고 있는 것을 찾아 발전시키는 것이야말로 나를 찾는 길이다. 그리고 그 길을 가는 것이 바로 자신의 길을 갈 수 있는 방법이며, 행복해지는 비법이라 생각한다.

Happiness Tip

싫든 좋든 내가 가지고 있는 나를 나의 몫으로 받아들이고,
남을 흉내 내려 하지 말고 스스로를 찾는 내가 되어라.
세상은 가짜를 원하지 않는다.
위조지폐는 아무도 원하지 않는 것처럼…….

따뜻한 위로의 말 한마디

4. 아들의 편지

하루 일과를 메일을 열어보며 시작하는 것이 습관이 된지 오래다. 메일을 열고 보면 스팸도 많고 불필요한 내용도 많다. 하지만 좋은 사람들이 주옥같은 글과 내용을 올려 주어 가슴을 뭉클하게 하는 경우가 종종 있다.

지금 소개하고자 하는 내용도 어느 날 알지 못하는 사람이 보내온 글인데, 너무 감동적이어서 각색을 해서 이곳에 싣는다.

금슬 좋은 부부가 7살 딸, 10살 아들 남매를 데리고 서울에 올라와 자리를 잡고 살게 되었다. 가난해도 남편이 열심히 일을 해서 미래를 설계해 가며 행복하게 살고 있는데, 청천 하늘에 날벼락처럼 남편이 교통사고로 목숨을 잃게 되었다.

설상가상이라는 말이 이런 경우를 두고 한 말인지, 죽은 남편이 교통사고의 가해자가 되어 모든 재산은 피해자에게 보상금으로 주게 되었다. 그래서 옷가지 몇 벌과 이불 한 채만 가지고 집에서 쫓겨나는 신세가 되었다.

지하 셋방에 사글세로 들어와 사는데, 아내는 따뜻하고 자상했던 남편 생각에 눈물로 세월을 보냈다. 큰 슬픔 속에 있으면서도 목구멍이 포도청이라고 자식들과 먹고 살아야 한다는 생각이 들었다. 그리하여 한 번도 해보지 않은 일을 하며 생활전선에 나서야만 했다.

새벽 4시면 일어나 청소부로 건물의 청소를 하고, 점심때는 급식소에서 배식과 설거지를 하고, 저녁이면 밤 11시까지 식당 주방에서 설거지와 허드렛일들을 하며 생활비를 벌었다.

하루, 이틀이 아니고 매일같이 반복되는 생활이다 보니 힘들고 지치기 시작했다. 하루는 생활고에 찌들고 지친 엄마가 새벽에 일하러 나오면서 아들에게 편지를 써놓고 나왔다.

아들아!

밥솥에 밥을 해 놓았다. 김치를 썰어 놓고 가려 했으나 시간이 없어 그냥 간다. 김치를 잘게 썰어 동생과 함께 밥을 먹으렴.

-엄마가

새벽부터 나온 엄마는 오늘따라 너무 힘이 들고 온몸이 아픈데 지배인으로부터 핀잔까지 듣다 보니 삶의 의미를 찾지 못하고 그저 죽고 싶다는 생각뿐이었다. 너무 힘이 들고 지친 엄마는 이렇게 구차하게 사느니 차라리 죽는 것이 낫겠다는 생각을 하고 수면제를 사서 가방에 넣고 집에 들어왔다.

죽기 전에 마지막으로 잠자는 아들딸의 얼굴을 보려고 아이들의 얼굴을 쳐다보게 되었다. 그런데 딸아이의 작은 얼굴에 눈물 자욱이 배어 있고, 웅크리고 자는 아들 머리맡에는 한 통의 편지가 놓여 있었다. 그리고 그 편지에는 이렇게 적혀 있었다.

엄마!

힘들지요? 제가 엄마 고생하시는 것 다 알아요.

엄마! 오늘은 김치를 잘게 썰어 동생에게 주었어요. 그런데 김치가 맵다고 해서 물에 씻어 주니 맛이 없다고 투정을 부리고 떼를 써서 한 대 때려 주었더니 울다가 잠들었어요.

엄마! 미안해요.

내일부터는 김치를 적당히 잘 씻어 주어 동생이 잘 먹게 할게요.

그리고 제가 얼른 커서 엄마 고생하지 않게 할게요.

엄마! 사랑해요.

-엄마를 제일 사랑하는 아들이

엄마는 웅크리고 자는 아들을 끌어안고 하염없이 눈물을 흘리다가 잠이 들었고 다음날 일터에 나갔다.

Happiness Tip

따뜻한 위로의 말 한 마디가 담긴 한 통의 편지는 절망에 빠진 사람에게 천금보다 귀하다.

미소는 더운 여름날 계곡에서 부는
산바람과 같다

5. 사랑받는 비결

개는 털도 날리고, 잡다하게 보살펴주어야 하는 일들이 많아서 키우기가 쉽지 않은데, 우리 아들은 개 키우는 것을 정말 좋아한다.

아들이 한동안 외국 출장을 간다며 키우던 개를 두 마리씩이나 우리 집으로 가져와 맡아 달라고 부탁을 했다.

할 수 없이 맡았으나 아파트에서 키울 수 없어 전원생활을 하고 있는 지인에게 개를 맡기고, 개 먹이를 사 주말에 집사람과 함께 몇 번을 찾아간 일이 있다. 개의 이름은 바람이와 구름이었다. 바람이와 구름이를 내가 만난 것은 불과 몇 번에 불과한데 찾아 갈 때면 난리가 난다. 멀리서부터 뛰어와 꼬리를 치고 펄쩍펄쩍 뛰고 짖어 대며 내 몸에 파고들어 부비고 올라타고 야단이다.

바람이와 구름이가 꼬리치고 달려드는 모습에 개에 대한 생각이 예전 같지만은 않다. 개라는 동물은 생존을 위하여 일하지 않는 유일한 동물이다. 그러면서도 사람들에게 많은 사랑을 받으며 살아가고 있다.

사람들이 애완견의 배설물까지 치우는 등 힘든 수발을 들어가면서도 키우는 이유는 무엇인가?

만약에 당신의 개가 당신을 만날 때마다 으르렁거리고 짖어 대며 달려들어 물려고 한다면 당신은 그 개를 키우겠는가? 아무리 그 개가 예쁘고 귀엽다 해도 그 개를 키우려 할 사람은 없을 것이다. 그런데 개를 키우는 사람들이 가지가지로 못생기고 흉측하게 생긴 개도 예쁘다고 끌어안고 다니는 것을 볼 수 있다. 그것은 개의 겉모습을 사랑하는 것이 아니라, 개의 충성심과 애교와 헌신적인 사랑을 보고 애정을 쏟고 사랑을 주는 것이다.

어린 아기들은 왜 모두 예쁘고 귀여울까? 그 아기들은 절대 우리 일을 도와주지는 않고, 사실은 일거리만을 안기는 존재인데도 많은 사람들은 아기를 좋아한다. 웃는 아기를 보면 예뻐서 누구나 눈길을 한 번쯤은 주고 바라보고 어르면서 지나간다. 그러나 울고 떼쓰는 아기를 볼 때 사람들은 어떻게 반응할까?

미소는 더운 여름날 계곡에서 부는 산바람과 같다

옥동자로 유명한 코미디언 정종철 씨를 보면 그에게 조금 죄송하지만, 얼굴과 몸매가 정말 자유스럽게 생겼다. 그러나 그는 많은 사람들로부터 사랑을 받으면서 국민 코미디언으로 자리를 잡아 왕성하게 방송활동을 하고 있다.

그런가 하면, 어떤 사람들은 자신의 못생긴 얼굴을 한탄하며 인상을 쓰면서 생활하는 사람들도 있다. 그렇게 인상을 쓰고 사는 그들이 얻을 수 있는 것은 무엇일까?

대기업의 사장이나 재벌 총수가 이혼하고 자살하고 횡령을 하고 교도소에 가는가 하면, 시골에서 끼니를 거친 푸성귀로 채우면서도 웃음소리가 끊이지 않고, 허리가 아플 때까지 일하면서도 행복해 하는 농부들을 볼 수도 있다. 무엇이 그들을 불행하게 하고 행복하게 하는가?

셰익스피어는 '세상에 좋고 나쁜 것이 없고, 다만 생각이 그렇게 만들 뿐이다' 라고 했다. 그 생각은 감정을 조절할 수 있고, 그 감정을 조절할 수 있는 행동이 웃음과 미소다. 웃음과 미소는 더운 여름날 계곡에서 부는 산바람과 같으며, 지루한 장마 끝에 구름 속을 뚫고 나오는 햇빛과도 같은 것이다.

그리고 그 미소는 이 세상에 절망적인 것만 있는 것이 아니라, 기쁨도 있다는 사실을 깨닫게 해주는 것이기도 하다. 또한, 미소는 주기 전에는 받을 수가 없으며, 받는 사람의 마음을 풍족하게 해주고, 주는 사람과 받는 사람 모두에게 기쁨을 줄 것이다. 그 이유는 웃음과 미소는 누구도 차별하지 않는 희망이기 때문이다.

미소 짓는 것이 어렵다면 거울에 스마일 마크를 붙이고 매일 미소 짓는 연습을 하라. 그러면 어느새 당신은 미소천사가 되어 있고 행복해져 있을 것이다. 그리고 이웃이 어렵거나 불편하거나 불안해한다면 당신의 순수한 그 미소를 보여 줘라.

그러면 다른 사람이 당신을 좋아하게 되고 그 사람도 행복해질 것이다. 그렇게 주위에 힘들어 하는 사람을 보고 미소를 짓다 보면, 어느새 당신은 따뜻함과 사랑이 담긴 미소를 짓는 미소 천사가 되어 있을 것이다.

개가 자신의 생존을 위해 일하지 않으면서도 주인에게 모든 사랑을 받으면서 살아갈 수 있는 이유는, 오직 주인을 반기며 꼬리치는 데 있다. 세상을 살면서 사람들에게 더 많은 사랑을 받으면서 살 수 있는 방법은 돈이나 미모나 명예가 아니라, 웃음과 미소에 있다는 것을 다시 한 번 상기해 보자.

Happiness Tip

세상에는 좋고 나쁜 것이 없고, 다만 생각이 그렇게 만들 뿐이다.

세상의 모든 것은 경계와 균형 속에 존재한다

6. 블랙홀이란 무엇인가?

사람마다 기분이 좋아지게 되는 일들은 다양하게 여러 가지가 있을 것이다. 그중 글 쓰는 사람의 입장에서는 누군가가 자신이 쓴 글을 재미있게 읽었다고 이야기해줄 때 큰 보람을 느끼게 되고, 그 어떤 말을 듣는 것 보다 기분이 좋아진다.

신문사와 일 년을 계약하고 매주 발명에 대한 글을 기고하고 있을 때의 일이다.

몇 주 전 뜻하지 않은 곳으로부터 행복이 배달되어 온 일이 있었다. 한번 만난 적도 없는 '좋은 세상을 꿈꾸는 야쿠르트 사람들'의 강남지점장 ○○○ 대표로부터 좋은 글을 잘 읽었다는 격려의 편지와 야쿠르트 한 상자를 받게 되었다. 덕분에 많은 용기를 얻었고, 학교 선생님들과 나누어 먹은 일이 있다. 졸필을 아름답게 읽어준 데 대해 진심으로 감사드린다.

세상의 모든 것은 견제와 균형 속에 존재한다. 우주에서도 견제와 균형 속에 존재하는 별들은 '살아있는 별' 이라 하고, 균형이 깨진 별을 '죽은 별' 이라 한다. 학생들로부터 '블랙홀(Black Hole)' 이 무엇인지 가끔 질문을 받는다. 실제 블랙홀의 정체는 무엇일까?

블랙홀이란 검은 구멍이라 불리는 죽은 별이다. 물질이 극단적인 수축을 일으키면 그 안의 중력은 무한대가 되어 그 속에서는 어떤 물질도 탈출하지 못한다.

모든 살아 있는 별들은 중력(중심에서 끌어당기는 힘)과 함께 팽창력(화산처럼 폭발하려는 힘)이 균형을 이루고 있어, 별의 일정한 모양을 유지할 수 있다. 만약 중력이 사라지고 팽창력만 있다면 별은 대폭발(big bang)을 하게 되고, 반대로 팽창력이 사라지고 중력만 남는다면 그 별은 더 강력한 중력에 의해 쭈그러들고 작아지게 되는 것이다.

우리가 우주 영화에서 볼 수 있는 우주의 잔해들은 별의 중력보다 팽창력이 너무 강해 폭발에 의해 부서진 별들의 잔해라고 볼 수 있다. 그리고 간혹 그 잔해들이 대기권 안으로 끌려 들어와, 대기와 마찰을 하면서 밝은 빛을 내며 타는 것을 우리는 '별똥별' 또는 '유성' 이라 한다.

세상의 모든 것은 견제와 균형 속에 존재한다

그럼 반대로 팽창력이 사라지고 중력만이 남게 되어 쭈그러들고 작아지면 어떻게 될까? 그렇게 되면, 우리의 지구는 팽창력이 사라져 상대적으로 더 큰 중력만 남아 수박만 하던 지구는 '탁구공' 크기로 작아지게 된다고 한다.

이때 수박만큼의 크기를 유지하고 있던 지구가 탁구공만큼 작아지게 되면서 생긴 빈 공간의 자리는 엄청나게 큰 중력을 가지게 된다. 그리고 그 빈 공간에 다른 우주선이나 죽은 별들의 잔해들이 들어오면 엄청나게 큰 중력에 의해 빨려 들어오게 되는데, 우리들은 이곳의 강력한 중력을 블랙홀이라 부르고 있다.

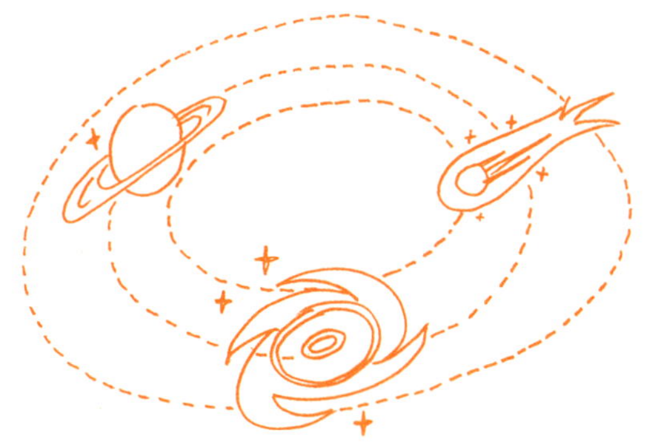

이곳에 한 번 들어온 물체는 나갈 수 없고, 그 속을 빠져 나오는데 필요한 탈출 속도는 빛의 속도보다 크기 때문에 결국 빛조차 빠져 나오지 못한다. 꼭 나갈 수 있는 방법이 있다면 그것은 주변에 더 큰 블랙홀을 만나 흡수되는 경우뿐이다.

우주에서 견제와 균형이 깨질 때 블랙홀이 생기는 것처럼, 우리가 살고 있는 사회에도 필요한 견제와 균형이 깨질 때 빅뱅이나 블랙홀이 생길 수 있다.

빅토르 위고는 '삶의 가장 큰 행복은 우리 자신이 사랑받고 있다는 믿음으로부터 온다'고 했다. 강남지점장의 칭찬은 사람들이 사랑받고 있음을 느끼고 행복감을 느끼게 해 주는 실천의 첫 걸음이 아닐까 싶다.

견제와 균형 속에서 사랑 받고 있음을 느끼게 하는 따뜻한 사회가 빅뱅이나 블랙홀을 막는 사회가 될 수 있을 것이다.

앞으로 5,000만 년 정도 더 살 수 있다고 하는 청년기의 우리 지구, 항상 아름답게 가꾸도록 작은 일부터 실천하는 인간 사회와 환경의 파수꾼이 되어 보자.

참고로 블랙홀의 생성설은 두 가지가 있는데, 또 다른 설은 우주가 창조될 때 대폭발(big bang)에 의해 물질이 크고 작은 덩어리로 뭉쳐져 많은 블랙홀이 생겼다는 이론도 있다.

Happiness Tip

삶의 가장 큰 행복은
우리 자신이 사랑받고 있다는 믿음으로부터 온다.

영재를 둔재로 바꾸는 교육이 아니라,
둔재를 영재로 바꾸는 교육

7. 모범생만을 고집하지 마라

어제와 오늘이 다르게 엄청난 속도로 사물인터넷(IOT : Internet of things)이 발달하고 있다. 지금처럼 빠른 속도로 세상이 변하면 앞으로는 1세기의 발전 속도가 과거 20세기의 100년에서 21세기(2025~2030)에는 76일로 앞당겨진다고 한다. 우리의 학교 교육도 그에 맞춰 변해야 된다. 『글로벌 인적자원개발』의 저자 잭 필립스(Jack J. Phillips : 미국주요주립대 교수)는 책 머리글에 「변화, 변화, 변화」를 외치면서 '이 책을 읽어야 할 사람은 학습인, 교육인, 그리고 성과(成果) 향상 분야에서 리더십을 발휘해야 할 사람' 이라고 하였다.

그러면 왜 변화하지 않으면 안 되는 것일까?

약 6,500만 년 전 중생대말 백악기에 사라져 버린 공룡, 그중에서도 가장 거대한 것으로 평균 체중 30톤의 브론토사우루스는 다른 공룡 무리들보다 더 일찍 사라져 버렸다고 한다. 운석에 의한 기상의 급변으로 소멸되었다는 추측이 있지만, 작은 생쥐에게 먹이가 되어 버렸다는 일설도 있다.

이는 브론토사우루스는 몸이 너무 크고 신경이 둔하여 배를 물리고 아픔을 느끼는 데 20초, 꼬리를 물렸을 때 30초나 걸려 작은 생쥐가 물어도 반응을 하는데 너무 시간이 많이 걸렸다고 한다. 결국 생쥐가 물어뜯은 상처가 원인이 되어 브론토사우루스가 지구상에서 사라지는 원인이 되었다는 것이다. 물론 이야기의 진위를 정확히 확인할 수 없으나, 브론토사우루스의 외모로 보아 힘이 셀 것이라는 점은 쉽게 상상할 수 있지만, 생쥐에게 잡혀 먹혔을 것이라는 것은 상상할 수도 없을 것이다.

개인이나 조직체도 마찬가지다. 만약 브론토사우루스처럼 외부로부터의 자극에 대해 빠른 반응을 나타내지 못하면 냉엄한 환경 속에서 살아남기는 불가능한 일이다.

이렇게 환경에 적절히 적응하거나 변화하는 예는 다른 동식물의 경우에서도 쉽게 찾아 볼 수 있다. 겨울철 영하 20℃의 매서운 추위를 이겨내는 밭작물인 보리는 유전자를 자체적으로 생성해 내서 겨울을 이겨낸다고 한다.

1세기의 변화 속도가 2달 반으로 줄어 이제 하루가 20세기의 1년보다 더 많은 변화를 주는 사회에 순응하기 위해서는 우리가 변하지 않으면 안 될 것이다

영재를 둔재로 바꾸는 교육이 아니라, 둔재를 영재로 바꾸는 교육

한편, 미래 과학자 앨빈 토플러는 미래에 대해 다음의 사례를 들어 설명하였다.

"아프리카 대륙의 어느 강 유역에 원시족이 살고 있었는데, 갑자기 백인들이 나타나 그 인근 상류에 거대한 댐을 건설하기 시작하였다. 10년쯤 지나 댐이 완공되면 강물이 말라 그들의 생활환경에 큰 변화가 일어날 수 있는데도, 원시족은 그들의 후손에게 고기 잡는 법과 카누 만드는 법, 농사짓는 법을 여전히 가르치고 있었다. 드디어 댐이 완공되자 그 원시족과 그들의 문화는 지구상에서 자취를 감추었다는 이야기다."

이 이야기는 가상 시나리오지만 급격한 변화의 도래와 인류의 환

경에 대한 적응과의 관계를 비유적으로 그리는 것으로, 여전히 낡은 방식으로 우리의 후손을 교육할 것인가를 묵시적으로 물어보고 있는 것이다. 이제 우리는 이러한 커다란 패러다임의 변화를 어떻게 받아들여야 할지를 심각하게 고민해야 한다.

변화하는 세계의 환경 속에서 살아남기 위해 우리도 변해야 한다. 빠르게 변해야 한다. 영재를 둔재로 바꾸는 교육이 아니라, 둔재를 영재로 바꾸고, 암기 위주의 교육에서 창의성 교육으로 바꿔야 한다. 더구나 특수한 재능을 가진 학생의 재능을 발견하지 못하여 그 재능을 사장시키게 하는 교육이 되어서는 안 될 것이다.

메이저리그의 야구선수 박찬호, 피카소, 베토벤, 아인슈타인 등이 우리와 같은 환경에서 학교를 다녔다면 과연 누가 1등을 하였을까? 제도권 학교에서 강조하는 영어, 수학을 잘하는 학생만이 성공할 수 있는 것일까?

삼성의 이건희 회장은 "공부 잘하고 조직에 순응하는 모범생 위주의 기존 인력 채용 방식을 모두 바꾸라"고 특명을 내렸다고 한다. 이것은 각 분야에서 '끼' 있는 인재를 뽑겠다는 것이 요체다. 명문대 출신의 모범생보다는 차라리 '문제아'에 선발 기준을 두라는 주문이었다.

마찬가지로 학생을 모집할 때도 모범생만을 고집하지 말고, 엉뚱하고 말썽을 피는 학생이라도 적극적이고 열심히 도전하는 학생을 선발하라. 그리고 교사는 항상 하면 된다는 '자신감'과 할 수 있다는 '용기'와 해야 된다는 '신념'을 갖고 최선을 다하는 자세가 필요하다고 생각한다.

Happiness Tip

공부 잘하고 조직에 순응하는 모범생 위주의 기존 인력 채용 방식을 모두 바꾸라.

행복과 불행은 쌍둥이로 태어난다

8. 지금 내게 있는 것에 감사하라

오늘도 학생들에게 질문을 해본다.

"여러분은 왜 공부를 하지요?"

그러자, 학생들의 목소리가 여기저기서 다양하게 들린다.

"돈을 벌기 위해서요."

"유명해지고 명예를 얻기 위해서요."

"권력을 잡기 위해서요."

그래서 내가 "그럼 왜 돈을 벌고, 명예를 얻고, 권력을 잡으려 하지?"라고 다시 물으면, 대부분 이런 대답이 들려온다.

"행복해지려고요!"

그 대답을 듣고 다시 질문을 한다.

"그럼, 행복이 뭘까?"

내 질문에 구석에서 한 학생이 대답한다.

"좋아하는 사람들과 어울려 웃으며 사는 거요!"

이 학생의 입에서 툭 하고, 쉽게 튀어 나온 그 말이 행복의 정의를 정확하게 내려 준 것 같다. 행복이란 좋아하는 가족들과 함께 어울리며 안방 밥상에서 새어나오는 웃음 속에 성장하는 것이지, 결코 남의 집 마당에 피어있는 장미꽃을 훔치는 것이 아닐 것이다.

행복과 불행은 쌍둥이로 태어난다.

오늘도 텔레비전의 드라마에서는 왕이 형제들을 죽이고, 종편 TV에서는 재벌 총수가 구속되고, 유명 연예인이 목숨을 끊고, 권력을 가진 사람이 비리에 연루되어 수사 중이라는 시시콜콜한 그런 이야기로 하루 종일 목소리를 높인다.

원하는 바를 모두 가지고 있는 사람들이 왜 비리로 수사를 받고, 목숨을 끊고 구속이 되는가? 그것은 욕구를 충족시키지 못한 한없는 욕심에서 비롯되는 것이다. 우리 같은 사람들이 보기에는 모든 것을 다 갖고 있어 행복할 수밖에 없어 보이는 사람들이 왜? 극단적인 방법을 선택하는 것일까?

얼굴에 가장 많은 콤플렉스를 가진 사람들은 유명 연예인들이고 지식에 콤플렉스를 가진 사람들은 서울대학교 인문대 교수들이라는 말이 있다. 왜? 모든 이들의 부러움을 사는 이들이 그런 콤플렉스를 갖게 되는 것일까?

행복과 불행은 쌍둥이로 태어났단다. 그런데 불행은 쌍둥이 동생인 행복을 바라보면서 자신을 스스로 불행하다 생각하고, 행복은 쌍둥이 형이 언제나 불행한 것을 보면서 스스로는 행복하다고 생각한다는 것이다. 비교하는 마음은 불행의 씨앗이다. 자신을 남과 비교를 많이 하는 사람일수록 더 불행하다.

칸트는 행복의 3가지 조건으로 첫째, 어떤 일을 할 수 있어 하는 것과, 둘째, 어떤 사람을 사랑할 것과 셋째, 어떤 일에 희망을 가질 것이라고 이야기하고 있다.

아무것도 가진 것이 없어 일력시장에 나가 막노동을 하면서도 행복해 하는 명수라는 사람이 있다. '찌릉~ 찌릉~,' 새벽 4시에 자명종 소리가 들린다. 명수는 천근이나 되는 무거운 몸을 일으켜 세우고, 눈을 비비며 주섬주섬 옷을 입고 인력시장으로 달린다.

인력시장에는 벌써 장작 불더미 주변으로 먼저 나온 사람들이 모여, 두런거리며 이야기를 나눈다. 초겨울 새벽녘의 차가운 날씨와 쌩하고 부는 바람 탓인지, 사람들은 장작불쪽으로 한 발짝씩 다가

선다. 간혹 이곳저곳에서 서로 어깨를 밀치고 큰 소리를 치며 실랑이를 하는 사람도 있다.

한쪽에서 그 모습을 바라보면서 옷깃을 여미고 있는 명수를 툭툭 치며 차에 타란다. 그동안 성실하게 일을 해온 덕에 인력시장에서 소문이 나, 아파트 공사현장으로 일을 배치 받고 장기간 일을 하게 됐다. 그것도 집 근처의 현장이다.

그동안 하루의 일자리를 얻으려 새벽시장에 무거운 몸으로 나오던 일을 생각하니 고마움에 눈물이 난다. 오늘 일자리가 생긴 것이 너무 고맙고, 게다가 집 근처에서 장기적인 일자리라 정말 행복하다.

안방에서 새어 나오는 행복

명수는 고맙고 감사한 마음을 가족과 함께하고 싶었다. 그래서 퇴근길에 구수한 냄새로 늘 먹고 싶었지만, 불안한 내일 때문에 참았던 통닭 한 마리를 사 들고 집으로 향한다. 명수의 발걸음이 가볍다. 집에 들어가 세상에서 제일 예쁜 딸과, 그 딸을 낳아 준 고맙고 사랑스런 아내와 함께 먹을 생각에 가슴이 설렌다.

잘 구워진 통닭 한 마리를 놓고 가족이 모여 웃음꽃이 피어난다. 명수는 속으로 내일이면 나도 더 행복해질 수 있다는 다짐을 한다. 그리고 내일의 행복을 위해 조금씩 쌓여 가는 통장의 잔고를 열어본다.

아내는 명수의 모습을 어깨 너머로 바라보며 환한 미소와 함께

"여보! 힘들지?"라는 한 마디를 한다. 그리고 하루 종일 힘들었을 명수 몸과 마음을 두 손으로 정성껏 주물러 준다. 그 곁에는 예쁜 딸아이의 재롱 속에 행복한 웃음소리가 들린다. 명수의 두 눈에서 행복의 눈물이 흐른다.

카네기는 "성공은 내가 원하는 것을 얻는 것이고, 행복은 내가 얻은 것을 원하는 것"이라고 말했다. 지금 내가 가진 것에서 행복을 찾지 않고, 내게 없는 것을 원하다 보면 행복을 잃어버릴 수가 있다. 하나의 성공을 위해 모든 것을 희생하지는 말자.

연예인이 성형을 하는 것은 못생겨서 성형을 하는 것이 아니고, 재벌이 돈이 없어 형제의 난을 일으키는 것이 아니며, 제왕들이 형제를 죽이는 것은 부족함 때문이 아니다.

행복이란 사랑하는 가족들과 함께 안방에서부터 새어나오는 웃음 속에 성장하는 것이다. 이 생각을 잠시 잊고 있기 때문에 그러한 일들이 생기는 것이다. 지금 힘든 일용직 일자리지만 그 일자리가 있는 것에 감사하고 가족과 함께 하는 것에 행복해 하는 명수를 생각하자. 그리고 내가 가지고 있는 것에 행복이 있다는 사실을 꼭 기억하고…….

Happiness Tip

지금 내가 가진 것에서 행복을 찾지 않고,
내게 없는 것을 원하다 보면 행복을 잃어버릴 수가 있다.
하나의 성공을 위해 모든 것을 희생하지는 말자.

PART Ⅳ

행복은 찾는 것이 아니라 만드는 것

"오빠야, 죽지 마. 사랑해"

'하버드대' 라는 이상을 현실로 만드는 전략

1. 남과 다른 스펙을 만들자

이 이야기는 켄트 김이라는 사람의 강의를 듣고 그 성공 스토리가 너무 감동적이고 귀에 맴돌아 그 이야기를 정리한 내용이다.

민형이는 신바람이 났다. 자신에게 공부를 하라는 사람이 없는 것이다. 매일 만화방에 가 100권씩의 만화책을 빌리면 충성고객이라고 만화방 가게 주인은 40권을 덤으로 더 빌려 주었다. 30일 동안 속독으로 만화책을 다 보고 친구들과 놀려고 하니 친구들이 놀아주지 않았다. 이유인즉 친구 엄마가 엄마 없는 아이랑 놀지 말라고 했다는 소리에 처음으로 엄마, 아빠가 이혼한 설움을 느꼈다.

민형이의 엄마 아빠는 성격 차에 의해 민형이가 10살 되던 해에 헤어지게 되었다. 엄마는 이혼 후 마흔의 나이에 공부를 더 하겠다고 미국으로 유학을 가버렸다. 그래서 민형이는 아빠와 함께 사는데, 아빠는 밖의 일을 하기에 바빴고 집에 어린 동생과 있다 보니 잔소리를 하는 사람이 없었다. 민형이의 생활은 간섭하는 사람이 없으니 자유분방했고 하고 싶은 일들을 마음대로 할 수 있었다. 그리하여 오락실이 없고 만화방만 있던 그 시절에 만화방 출입이 잦았던 것이다.

그렇게 세월이 흐르면서 공부와는 점점 담을 쌓게 되고 수학 성적이 40점 이하로 나와 선생님께 종아리를 맞는 것이 다반사였을 정도로 공부에는 별 관심이 없었다. 민형이가 고등학교에 입학하여 학교에 갔다 온 어느 날, 아빠가 말씀하신다.

"민형아! 이젠 아빠도 재혼을 해야겠구나. 혼자 7년 동안 살다 보니 너무 힘이 드는구나. 이해할 수 있겠니?"

민형이는 깊이 생각하지 않고 대답했다.

"네, 그렇게 하세요. 대신 저는 엄마에게 보내 주세요."

아버지가 되물었다.

"엄마에게 가서 뭘 하려고?"

민형이가 심드렁하게 대답했다.

"저 엄마에게 가서 하버드나 갈래요."

그러자 아버지의 눈꼬리가 갑자기 올라가면서 이렇게 소리쳤다.

"야! 너 같은 애가 하버드를 간다고? 하버드가 너를 기다려 준다든?"

민형이는 '하버드대의 공부벌레들' 이란 책을 어려서 본 기억에 그저 하버드 대학이나 간다고 했다가 아빠에게 완전 무시당하는 말을 듣고 오기가 생겼다. 그리고 마음속으로 이렇게 다짐했다.

'그래, 내가 하버드에 가서 아빠의 콧대를 반드시 꺾어 주겠어.'

결국 아빠는 재혼을 했고, 민형이의 손에는 미국행 비행기 티켓이 쥐어졌다. 그리고 동생과 함께 엄마에게 가게 되었다. 민형이가 막상 미국에 가보니 엄마의 미국 생활은 말이 아니었다.

미국에 도착한 첫날은 세 명이 덮을 수 있는 이불조차 없어 부동산 아줌마가 빌려 준 이불 하나로 어린 동생과 엄마와 함께 셋이 덮고 자야 할 정도로 비참했다. 하지만 그 날의 따뜻했던 엄마 품은 지금도 생생하다.

행복은 고대광실의 좋은 집에서 잔소리 하는 어머니 품에서 자는 것이 아니라, 한 평짜리 일지라도 나를 사랑해 주고 인정해 주는 따뜻한 엄마 품에서 자는 것이 행복이라는 것을 깨닫게 되었다.

"오빠야, 죽지 마, 사랑해"

미국에 도착한지 얼마 되지 않아 미국에서 그림을 그려 생계를 유지하던 엄마가 민형이를 불러 이야기를 한다.

"민형아! 엄마가 그림을 팔러 한국을 다녀와야겠다. 네가 동생과 함께 잘 지내고 있으렴."

"엄마는 언제 오시는데요?"

"가급적 빨리 오마. 늦어도 보름은 넘지 않을게다. 여기 이 신용카드를 주고 갈 테니 생필품은 마트에 가서 사고 동생을 잘 보살펴야 한다."

그렇게 떠나셨던 엄마는 보름이 아니라, 한 달이 지나고 두 달이 지나도 오질 않았다. 영어도 되지 않아 말도 통하지 않는데 어느 날 전화가 왔다. 뭐라 이야기를 하는데 전혀 알아들을 수 없어 그냥 "땡큐! 땡큐!"만을 연발했더니 그 다음날부터 전화가 끊겼다. 나중에 안 사실이지만 전화비를 내지 않으면 전화선을 끊겠다는 전화였는데, 알아듣지를 못하니 그냥 땡큐 소리만 연발 했던 것이다.

당시에는 생활비를 절약하기 위해 1.5 킬로미터 떨어진 곳까지 자전거를 타고 가 1.5 리터 우유를 사와서 1주일씩 생활하는 근검절약이 몸에 배어 있었다. 그러던 어느 날, 여섯 살 아래인 동생과 함께 마트에 가서 물건을 사가지고 나오려는데 지배인이 뭐라고 한다.

무슨 소리인지를 알아듣지 못하고 멀뚱거리고 서 있는 데 경찰이 다가와 연행을 하려 했다. 무슨 일인지 몰라 당황해 하고 있을 때 마침 기적같이 한국 사람을 만나, 이 아이들은 물건을 훔칠 목적이 아니라고 경찰관에게 설명을 해 주는 바람에 위기를 모면할 수 있었다.

민형이가 사용한 신용카드는 한도 초과로 사용할 수 없다고 하는데, 그 말을 알아듣지 못하고 그냥 가려고 하자 지배인이 경찰을 불렀던 것이다. 나중에 생각하면 웃을 일이지만 당시에 민형이로서는 머리가 아프고 겁이 나는 일들이었다.

민형이는 먹을 것도, 아는 사람도 없고, 말도 통하지 않는 미국 생활이 너무 힘들어 차라리 죽는 것이 낫겠다는 생각이 들었다. 그런 생각을 하고 동생에게 죽고 싶다고 하자 4학년짜리 여동생이 눈물을 흘리며 딱 세 마디의 쪽지를 남겼다.

"오빠야, 죽지 마, 사랑해"

민형이는 그 쪽지를 보면서 많이 울었다.

'하버드대'라는 이상을 현실로 만드는 전략

그렇게 세월이 지나 엄마는 5개월 반 만에 돌아오시게 되었다. 이후 민형이는 고등학교에 다니게 되었는데, 백인 애들이 차를 몰고 가면서 이렇게 외쳤다.

"Hey, yellow monkey go home, yellow monkey!"

민형이는 화가 나 쫓아가 싸우고 싶었지만, 싸워 봐야 나만 손해라는 것을 알고 다짐을 했다.

'그래, White monkey들아! 조금만 기다려라. 너희들이 제일 좋다고 하는 하버드에 내가 들어가서 너희와 경쟁을 해 콧대를 꺾어 주마!'

민형이는 상한 자존심만큼 마음속으로 다짐을 하고 또 다짐을 하며 집에 돌아 왔다. 하지만 학교생활은 순탄치가 않았다. 알아들을 수 없는 이야기의 연속이다. 민형이는 하버드만이 자존심을 살릴 수 있다고 생각하고, 엄마에게도 선언을 하자 엄마는 응원군이 되어 주셨다. "그래, 왜 너라고 하버드에 못가겠니? 열심히 하면 충분히 가능하다."

엄마의 이 말은 힘이 되었으나 벽은 너무나 높고 높았다.

다니고 있던 고등학교에서 매년 9명이 하버드에 가고, 그 학년에 3명이 가는데 한 명은 전직 하버드 대학 학장의 손자이고 월가의 커다란 투자은행에서 조 단위의 재산을 가지고 있었다. 또 한 명은 할아버지, 아버지, 어머니, 아이까지 3대가 하버드 출신이었고, 고등학교 1학년 때 이미 대학교 수학을 다 끝낸 아이로 하버드가 예약이 되어 있어 들어 갈 자리는 딱 하나 밖에 없는 처지였다.

민형이는 자신이 하버드에 들어가기 위해서는 모든 경쟁자들을 물리쳐야 한다는 절박한 상황에 처하게 되었다. 민형이는 첫 번째 단계로 팔뚝만큼 두꺼운 영어 사전이 너덜너덜한 걸레가 될 때까지 죽도록 암기하기 시작하였다.

그러나 공부하는 습관이 되지 않았던 민형이에게는 사실 모든 게 무리였다. 특히 졸음 때문에 더 힘들었다. 그럴 때면 하버드를 가겠다고 선언한 자신과의 약속을 생각하며 허벅지를 칼로 그었다. 그 광경을 본 엄마가 놀라서 뭐하는 짓이냐고 야단을 칠 때면 이렇게 말했다.

"엄마! 난 해야 할 일이 있어요. 이 방에서 당장 나가지 않으면 더 깊이 허벅지를 칼로 팔 테니까 빨리 나가서 내가 하는 일에 방해하지 마세요."

민형이는 이 정도로 독하게 의지를 불태웠다. 노력이 헛되지 않아 이후 학교에서 선생님의 설명을 알아들을 수 있게 되자, 어떻게 해야 선생님을 감동시켜 좋은 성적을 받을 수 있을까를 생각하게 되었다. 자신이 선생님을 감동시키지 못하면서 어떻게 세상을 감동시키겠는가를 생각했다. 그리하여 민형이는 선생님을 감동시키는 프로젝트를 만들었다.

그 프로젝트는 바로 선생님들이 내주시는 과제를 차별화시켜 완성하는 전략이었다. 선생님들께서 10페이지의 보고서를 작성해 오라고 시키면 민형이는 20페이지나 30페이지의 보고서를 작성했다. 그 과제물도 그냥 제출하는 것이 아니라, 선생님들께서 반드시 그 보고서를 읽어 볼 수밖에 없도록 표지부터 남과 다르게 만들었다.

이 전략은 대성공이었다. 나중에 선생님들께서는 입을 모아 다들 이렇게 말하였다.

"내가 교사가 된 이유는 켄트 김(민형이의 미국 이름)을 만나기 위해서였구나."

모든 선생님들은 민형이에게 A학점을 주면서 행복해 하셨다.

제 사부가 되어주세요

이 이야기를 강의를 통해 들으면서 나는 생각했다. 왜 학생들이 공부를 못하는지를……. 모든 사람들은 성공하기를 기대한다. 진정 성공하기를 기대한다면 지난주에 내가 몇 권의 책을 읽었고, TV는 몇 시간을 보았으며, 몇 시간이나 공부를 했는지 스스로 분석하고 점검부터 해야 할 것이다.

말로는 대학가고 싶다고 하면서 스스로를 속이지 말자. 학교에 가서 잠이나 자고, 학교를 급식이나 먹고 친구들과 수다 떠는 곳으로 생각하면서 공부하는 척만 한다면 엄마, 아빠와 모든 사람은 속일 수 있어도 나 자신만은 속일 수 없다. 자신을 속이지 말자. 내가 이렇게 하면 성공할 사람일지, 폐인이 될 사람일지는 스스로는 알고 있지 않은가.

공부는 자신과의 싸움이다.

공부는 자신과의 싸움이라 생각하고 민형은 시간을 아껴 공부를 하면서 새로운 학습법을 개발해 적용하면서 집중력이 높은 밀도 있는 학습을 할 수 있었다.

미국의 하버드는 성적만 가지고 가는 곳이 아니다. 스펙이 있어야 하는데 민형이는 스펙이라곤 아무것도 없었다. 물론 스펙을 쌓을 시간도 없었다. 어찌해야 할까, 고민에 빠진 민형이는 며칠 동안 머리를 싸매고 고민했다. 그 결과 고3 때 전 세계 최고의 지도자들을 친구로 삼는 프로젝트를 계획했다. 그리고 그 분들에게 편지를 쓰기 시작했다.

"당신은 내가 보기에 당신이 일하고 있는 그 분야에서 세계 최고의 마스터라고 생각합니다. 제 사부가 되어 가르침을 주세요……."

또 '내 사부는 내가 찾는다'는 논어에서 나오는 이야기를 참고해서 편지를 보냈다. 그러자 많은 저명인사들로부터 답장이 쏟아졌다. 첫 번째 답장은 일본의 미쓰비시 사장이 보내주었고, 두 번째 답장을 보내 준 사람은 세계 2위 부자인 워렌 버핏으로 친필 답장을 보내 주었다. 그리고 GM 사장, 유명 영화배우, 달나라에 갔던 미국 상원의원, 미국 주지사들에게서도 줄줄이 답장이 왔다.

이처럼 많은 사람들에게서 답장이 왔고, 그것이 민형이의 스펙이 되어 하버드 대학교를 들어가는 초석이 되었다. 현재 민형이는 하버드를 졸업하고 기업을 만들어 CEO로 활동 중이다.

스펙은 스스로 노력하여 얻을 때 진정한 가치가 있다. 민형이처럼 선생님을 감동시키기 위한 프로젝트를 만들고, 대학에 들어가기 위한 스펙을 쌓기 위해 스스로 계획하고, 프로젝트를 만들어 실행한 것처럼 그렇게 하는 것이다.

어떤 학생들은 스펙을 쌓기 위해 의도적으로 한복을 입은 채로 이태원을 돌아다녔다고 한다. 한국에 와서 한복 입은 모습을 자주 보지 못했던 외국인들이 한복 입은 모습이 신기하다고 사진 찍기를 청해왔다. 그래서 많은 외국인과 함께 찍은 사진을 모은 것이 스펙이 되어 대학을 진학하게 되었다는 것이다.

또 어떤 학생들은 맨발 클럽을 만들어 매주 주말이면 맨발로 등산을 하면서 많은 사람을 사귄 것이 스펙이 되어 대학에 진학하는데 도움이 되었다는 이야기도 있다. 나만의 색깔, 나만의 스펙이 나를 만들고, 남의 눈을 의식하지 않는 나만의 세상을 만들 수 있을 것이다.

사람이 흘릴 수 있는 액체는 세 가지가 있다고 한다. 첫 번째가 투쟁과 모험으로 흘리는 피요, 두 번째가 근면과 성실로 흘리는 땀이고, 세 번째가 사랑과 봉사와 희생으로 흘리는 눈물이라고 한다. 이것을 기억하고 피와 땀과 눈물을 흘릴 수 있는 나를 만들어 보자.

Happiness Tip

스펙은 스스로 노력하여 얻을 때 진정한 가치가 있다.
민형이가 선생님을 감동시키기 위한 프로젝트를 만들고,
대학에 들어가기 위한 스펙을 쌓기 위해 스스로 계획하고,
프로젝트를 만들어 실행한 것처럼 그렇게 하는 것이다.

미래의 흐름을 읽는 능력

2. 다윗과 골리앗의 싸움

따르릉, 따르릉…….

"여보세요. 감사합니다. S사 본사입니다.

……뭐라구요? S산업의 로열티를 지금의 20배로 내라고요?"

일방적인 I사의 통보에 S사는 발칵 뒤집히고 놀라지 않을 수 없었다. 지금까지 S산업을 세계 1위로 만들기 위해 얼마나 많은 사람들이 고생을 하고 땀을 흘렸던가. 이제는 고생을 면하고 S산업을 반석 위에 올려놓나 보다 하며 한숨 돌리려 했더니만, 로열티를 현재의 20배로 올려 달라니…….

국제 시장에서 과잉 생산으로 S산업의 가격이 좋지 않은데, S사를 망하게 만들 작정이 아니고서는 있을 수 없는 일이었다. S사에서는 매일 간부회의다, 확대회의다 해서 해결책을 찾으려 안간힘을 써봤지만, 별다른 대책이 없었다. 그런데 I사에서 S사에 그렇게 일방적으로 통보를 한 이유가 무엇인지를 몰라 여러 경로를 통해 어떻게든 해결을 하려 해도, I사는 S사의 이야기를 아예 들어주지도 않았다.

S사로서는 보통 난감하지 않을 수 없었다. '지피지기면 백전백승(知彼知己 百戰百勝)'이란 말을 떠올리면서 S사에서는 연구팀을 두 팀으로 만들어 한 팀은 I사를 연구하고, 다른 한 팀은 S사를 연구하도록 하였다. 그 결과 I사를 연구하던 팀에서 보고서를 제출하였다. 워낙 I사가 난공불락(難攻不落)의 요새인지라 도저히 우리가 이길 수가 없을 것 같다는 내용이었다.

이유인즉, S산업에 관련해선 대부분의 특허를 I사에서 가지고 있기 때문에 다른 협상으로 해결을 하든지, 아니면 I사에서 원하는 대로 로열티를 주든지 해야 한다는 결론을 내렸다.

마지막 희망은 단 하나뿐이었다. S사 자신에 명운을 걸고 S사를 연구하던 팀원들의 연구 결과였다. 하지만 그 반응을 보니, 역시 마찬가지였고 별다른 것을 발견하지 못한 듯 했다.

S사는 그야말로 초상집이 아닐 수가 없었다. 모두가 낙담을 하고 시름에 잠겨 있을 때, 한 직원이 그래도 희망이 있다며 가느다란 희망의 끈을 가지고 나왔다. 희망이 우리를 포기하는 것이 아니라 우리가 희망을 포기하는 것이라고 했던가?

지금은 고인이 되었지만, S산업은 원래 S그룹의 창업주가 심혈을 기울여 뚝심 있게 기반을 세운 결과물이었다.

미래의 흐름을 읽는 능력

S그룹의 창업주는 매년 일본에서 신정을 맞으면서 신년 구상을 하였다. 당시 방직 산업이 한참 호황을 누릴 때의 일이다. 산업 발달 과정의 사이클을 잘 알고 있던 그는 현재 호황산업에 있는 섬유산업도 20년 후면 사양 산업으로 바뀐다는 것을 예측하였다. 그래서 섬유를 대체할 수 있는 산업을 생각하고 있었다.

그러던 어느 새해였다. 신년을 일본에서 지내며, S사의 진로를 구상하던 S사의 창업주는 일본 신문에서 미래의 산업은 S산업에 의해 좌우될 것이라는 기사를 접하게 된다. S산업에 관해서 아는 것이 전혀 없던 창업주는 곧바로 S사의 연구원에게 새로운 팀을 구성하여 S산업에 관한 연구를 하라고 지시했다. 그것이 바로 현재 S사의 S산업을 태동하게 만든 씨앗이었다.

당시에는 한국에서 S산업의 공장을 세우려 해도 인력이나 장비 등 모든 것이 너무나 빈약하였다. 그리하여 해외에 있는 연구원들이 한국에서 아무리 대우가 좋아도 오지 않겠다고 이야기하던 실정이었다. 해외에서 S산업에 정상까지 올라간 사람들이 한국에 와서 애국심을 발휘하려 해도 연구할 장소조차 없는 상황이었다. 그래서 애국심이고 S산업이고 국내에서는 힘을 쓸 수가 없었다. 그런데 그 무렵, 고국의 발전에 관심을 갖고 있던 교포 연구원이 S사에게 해결책을 일러주기에 이른다.

"회장님, 미국의 실리콘 밸리에 가면 하루에도 몇 개의 S산업 공장이 생기기도 하고 또 망하기도 하는데, 망해 가는 공장을 선별 인수해서 S산업 공장을 시작하면 좋을 듯합니다."

그동안 해결책을 찾지 못해 고심하던 창업주는 그 이야기에 용기백배하여 바로 실리콘 밸리로 인수팀을 보냈다. 그래서 미국에서 도산한 S산업 공장들을 면밀히 조사하고, 그중에서 쓸 만한 공장을 인수하기에 이른다.

이처럼 갖은 고생 끝에 S산업의 공장을 가동시키면서 일본과 미국의 기술을 하나씩 따라 잡기 시작했다. 그 노력의 결과, 드디어 한 분야에서 당당히 세계 1위를 차지하게 된다. 그런데 이제 겨우 적자를 면할 때쯤 I사로부터 전화벨이 울렸던 것이다.

S사로서는 정말 청천벽력 같은 소식이었다. 현재 로열티의 20배를 내라는 것은 S사에게 사업을 접으라는 소리와도 같았다. 정말 기가 막힐 노릇이었다. I사의 내막을 뒤늦게 안 사실이지만, S사가 두려운 나머지 위기감에서 I사가 S사를 견제하기 위해 꾸몄던 사건이었다.

골리앗의 승리

특허로 인해 분쟁이 생기면 특허 분쟁 조정위원회에서 특허 분쟁을 조정하게 된다. S사와 I사가 마주하고 심리가 시작되었다. 오전에는 I사가 S사를 공격하고, 오후에는 S사가 I사에 대해 공격하는 순

서로 심리가 열리게 되었다. 먼저 I사가 포문을 열어 공격을 시작했다.

"우리는 S산업의 개발을 위해 엄청난 투자를 했고, 그 결과 현재의 S산업물을 생산하기에 이르렀습니다. 그런데 S사는 연구 개발비를 투자하지도 않고 많은 혜택을 받으면서 무임승차하고 있습니다. 또한 지금까지 고생하고 막대한 연구비를 투자한 I사보다 더 많은 수익을 올리고 있는 S사는 현재보다 더 많은 로열티를 지급하는 것이 당연하다고 생각합니다."

세계의 많은 언론들은 세계 최대 S산업의 그룹인 I사와 성장 잠재력이 가장 큰 S사라는 기업의 싸움에 관심을 가지고 지켜보고 있었다.

과연 S사는 망할 것인가?

I사에서 요구하는 로열티로는 당시 불황인 S산업 시장에서 어느 회사도 살아남을 수가 없도록 만드는 과한 요구였다. 오후에 I사의 거센 항의와 공격에 주눅이 들어 있던 S사 측의 한 연구원이 숙연히 일어나 답변을 시작했다.

"I사 사장님의 어려운 결단과 노력이 세계 인류 문명의 발달을 한 단계 올려놓았다는 것은 온 세계인들이 다 알고 있는 사실입니다. 그로 인해 현재의 S사의 S산업도 태동을 하게 되었습니다. 그리고 지금까지 S사의 S산업은 I사에서 요구하는 대로 로열티를 지급하면서 사업을 하였습니다. 그러나 지금처럼 I사에서 앞으로도 이렇게 갑작스런 로열티의 인상을 요구한다면 어느 기업이 살아남겠습니까? 차후에 이런 일이 없도록 하기 위해 앞으로 현재의 특허를 가지고는 더 이상의 로열티 인상을 요구하지 않기로 약속하는 서명을 해 주시기 바랍니다. 그러면 우리 S사에서 서명해 드리겠습니다."

I사로서는 S사가 로열티의 20배는 고사하고 2배만 내도 힘들 터인데, 순순히 서명을 하겠다는 말에 놀라지 않을 수 없었다. 당연히 20배의 로열티를 내게 되면 살아남을 수 없으니 말이다. 자신에 찬 I사에서는 세계 각국의 언론이 지켜보는 가운데 승리의 서명을 하였다.

반전에 의한 다윗의 승리

오후에 S사의 공격이 이어졌다. 각국의 언론들은 당연히 S사는 이제 망했다고 타전할 준비를 하고, 오후에 벌어지는 S사의 공격에 촉각을 곤두세웠다. S사를 연구하면서 S사에게 가느다란 희망의 끈이 있다던 젊은 연구원이 입을 열기 시작하였다.

"우리 S사는 I사에서 요구한 대로 20배의 로열티를 주겠다고 서명했습니다. 이젠 I사에서도 우리가 가지고 있는 특허 사용료를 우리가 요구한 만큼 지불해 주시기 바랍니다."

I사에서는 깜짝 놀랄 일이었다. I사에서 S사를 연구한 결과, S사에서는 I사에 요구할 특허는 전혀 없는 것으로 알고 있었는데, S사에서 특허 사용료를 내라고 하니 놀랄 수밖에 없었다. S사는 실리콘밸리에서 쓰러져 가는 회사를 인수할 때, 그 회사가 가지고 있던 특허 "다중 결합장치"라는 C급 특허를 이면으로 함께 인수받았었다.

그러나 S사가 C급 특허에 불과한 것을 I사에 제시하면서 A급 특허의 90퍼센트 이상을 가지고 있는 I사와 똑같은 로열티를 요구하자, I사 측에서는 기가 막히고 깜짝 놀랄 뿐이었다. 더구나 C급 특허라 하나 "다중 결합장치"가 없이는 아무리 좋은 반도체의 특허라 해도 당장 사용할 수가 없고 결합장치를 다른 방법으로 개발한다 해도 기존의 전자제품들을 모두 바꾸어야 하는 문제가 있어 I사로서는 진퇴양난에 빠지게 되었다. 특허권자가 S사의 이름으로 되어 있지 않고 전 회사의 이름으로 되어 있는 바람에 I사가 성급하게 S사의 요구대로 서명하였던 것이 커다란 실수였다. I사 측에서는 S사에겐 특허가 전혀 없는 것으로 알고 있었기 때문이다.

결국 S사의 요구에 I사는 그 동안의 요구를 없었던 것으로 하고, Win-Win 전략을 펴기로 하였다. 작은 C급 특허 하나가 A급 특허로 무장한 I사를 패배시킨 결과였다. S사와 I사의 싸움은 특허 분쟁 역사에 커다란 획을 긋는 계기가 되었다. 또한 이 사건을 지켜보던 언론에 의해 전 세계에 알려지게 되었던 것이다.

이상은 인터넷에 떠도는 이야기를 나름대로 각색한 것이다. 사업을 할 때 특허가 얼마나 중요한지 강조하기 위해서 예로 든 이야기다. 독일에서는 특허 없이 사업을 하는 것은 사막 위에 집을 짓는 것과 같다고 했다. 독일의 대부분의 기업들은 특허를 가지고 사업을 시작하는데 반해, 우리나라에서는 많은 기업들이 특허 없이 사업을 시작하는 실정이다.

특허의 중요성을 알고 특허를 가지고 사업을 하여야만 반석 위에 사업체를 올려놓을 수 있을 것이다. 점차 세계는 특허의 중요성을 알고, 기업의 가치 평가도 특허가 얼마나 있느냐로 평가되고 있다. 좋은 기술이 있을 때는 먼저 특허부터 내야 되지 않을까 생각한다.

Happiness Tip

특허 없이 사업을 하는 것은 사막 위에 집을 짓는 것과 같다.

타석에 많이 설수록
홈런을 칠 확률은 높아진다

재능은 활용할 때 빛이 난다

3. 낚싯대는 물속에 드리워져 있어야 가치가 있다

"선생님 안녕하세요? 저 상식이에요. 주말에 친구들과 함께 선생님을 모시고 낚시를 가면 어떨까 하는데 시간 괜찮으세요?"

교직을 시작하면서 처음 만났던 우리 반 제자의 전화다. 오랜만에 제자들과 함께 하고픈 마음에 한 번도 낚시를 가본 경험이 없으면서 그러마고 약속을 해버렸다. 낚시를 간 일이 없다보니 당연히 낚시 장비도 하나 없어 이것저것을 다 구비해야하는 번거로움이 있었다.

제자들과 함께 낚시를 갔으나 경험이 없던 우리는 고기 잡는 것은 허탕 치고, 그냥 물고기를 사서 매운탕을 끓여 술 한 잔씩을 먹고 오는 즐거움으로 만족해하며 마무리를 한 일이 있다.

낚시를 좋아하지 않다보니 당연히 낚시 장비는 창고에 보관하게 되고 그 뒤로는 다시 찾지 않았다. 한참의 세월이 흐른 뒤 이사를 하기 위해 짐을 정리하는데, 창고에서 곰팡이가 까맣게 핀 낚시 장비를 발견하였다. 결국 그 낚시 장비는 너무 오래 되었고 곰팡이가 슬어 모두 내다버렸다.

내게 운명이 맡겨졌던 그 낚싯대는 물고기를 잡기는커녕 물 냄새도 맡지 못한 채 낚싯대로서의 능력도 발휘하지 못하고 창고에서 구닥다리로 변해 낚싯대의 일생을 마감하는 처지가 된 것이다.

낚싯대는 고기를 잡기 위해 만들어진 것이고, 낚싯대가 고기를 잡으려면 물속에 담겨져 물을 만나야 한다. 그런데 물속이 아닌 창고에 있었으니 자신의 가치를 발휘해 보지도 못하고 낚싯대는 생을 마감한 것이다.

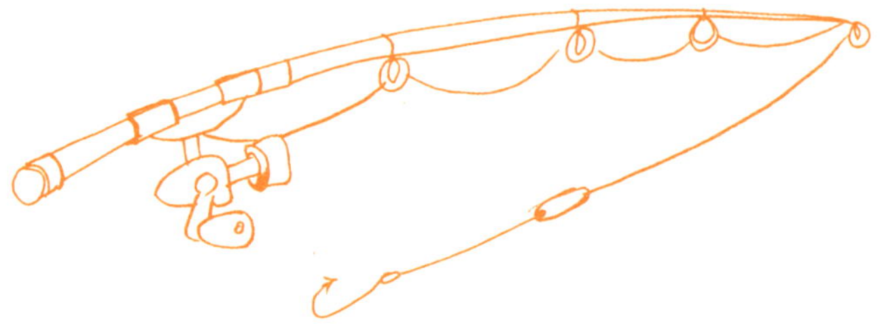

타석에 많이 설수록 홈런을 칠 확률은 높아진다

필자가 발명활동을 열심히 할 때는 매사 자신감이 넘쳐흘렀다. 그리고 모든 발명대회는 마치 나를 위해 열리는 대회라 생각하고 빠짐없이 참가를 했다. 그러던 중에 '○○○발명대회'가 생겼다는 메일을 보고 정성껏 작품을 만들어 그 대회에 출품을 하였다. 그리고 결과를 기다리고 있었다.

그런데 작품을 출품하고 한참이 지났을 때, ○○○발명대회 주관 사업담당자라며 전화가 왔다.

"여보세요, 전인기 선생님이십니까?"

"네, 그렇습니다. 무슨 일이십니까?"

난 목에 잔뜩 힘을 주고 점잖은 목소리로 응답을 하며 전화를 받았다. 보통 주관사 담당자에게서 시상식 전에 전화가 오는 것은 대부분 한 가지 이유에서다. 즉, 대상을 받게 되었으니 인터뷰 자료를 준비하라는 것이다. 그랬기에 당연히 이번에도 같은 이유로 전화를 했을 거라는 생각을 하면서 목소리에 힘을 주었던 것이다.

그런데 수화기 저편에서 들리는 담당자의 목소리는 다소 풀이 죽어 있었다.

"다름이 아니라, 이번 대회에 출품한 작품이 선생님 한 분뿐이기 때문에 부득이하게 대회를 취소하게 되었습니다. 선생님, 대단히 죄송합니다. 대신 이번 대회 참가 기념으로 기념품과 상패를 드리겠습니다. 이해해 주십시오. 정말 죄송합니다."

○○○발명대회에서 대회가 취소되는 바람에 상은 받지를 못했지만, 이 에피소드는 그동안 필자가 많은 상을 받을 수 있었던 것은 저절로 이루어진 결과가 아니란 것을 반증해주는 것이었다. 이처럼 각종 발명대회를 찾아다니며 자신이 만든 발명품에 대한 평가를 받아보고 싶어 했고, 그렇게 열심히 많은 대회를 찾아다니고 참가한 결과가 이와 같은 해프닝으로도 나타난 것이다. 필자는 정말 많은 발명 대회에 빠지지 않고 찾아다녔고, 참가를 했고, 그 노력의 결과로

많은 상을 수상할 수 있었던 것이다.

간혹 사람들은 어떻게 저 사람만 저렇게 많은 상을 받을 수 있느냐고 투덜대기도 한다. 또 어떤 사람은 내 얼굴은 모르고 이름만 알면서, 내가 옆에 있는데도 내 이름을 거명하며 그 사람 때문에 우리는 들러리 아니냐는 비아냥거리는 소리도 들었다.

재능은 활용할 때 빛이 난다

많은 사람들은 왜 자신에게만 운이 따르지 않을까? 왜 나한테만 기회가 주어지지 않을까? 하며 원망을 한다. 그 원망을 하는 사람들의 면면을 살펴보면 필자와 비교할 수 없을 만큼 훨씬 더 똑똑하고 유능한 사람들이 많이 있다.

운이나 기회는 내가 스스로 만들어야 하는 것이지, 저절로 다가오는 것이 아니다. 원망과 한탄과 비난만 하는 사람들은 기회를 스스로 만들려 하지 않는다. 단지, 행운의 여신이 자신에게 찾아와 주기만을 기다리고 있을 뿐이다.

낚싯대는 물속에 드리워져 있어야 가치가 있고, 배는 거친 파도를 헤치고 항해할 때 배로서 가치가 있다. 낚싯대가 소중하다고 창고에 보관하고, 배가 부서질까 두려워 항구에 정박만 시킨다면 그 낚싯대는 낚싯대로서 배는 배로서 존재 가치가 없는 것이다. 폭풍과 비바람이 무섭다고 항구에 정박해 있는 배는 항구만 비좁게 할 뿐 배로서 가치가 없는 것처럼, 낚싯대도 창고만 비좁게 만들뿐 낚싯대로서 가치가 없는 것이다.

재능은 활용할 때 그 재능이 빛이 난다. 창고에 보관하거나 꼭꼭 숨겨두는 재능은 재능이 아니고 없는 재능과 마찬가지라는 것을 명심하자. 나의 낚시 바늘을 365일 물속에 담그고 생활하는 습관을 기르자.

미끼가 없더라도 365일 물속에 낚시 바늘을 담그고 있다면 눈먼 고기라도 낚시 바늘을 물지 않을까? 창고에 보관된 낚싯대처럼 숨겨진 재능은 녹슬고 먼지만 쌓인다. 나의 재능을 기부하고 활용하면서 세상에 드러내놓고 기다리자. 조바심 내지 않고 천천히 그리고 꾸준히 노력하면서 기회를 기다리는 것이 나를 세상에 드러낼 수 있는 길이라는 것을 생각하면서 말이다.

Happiness Tip

운이나 기회는 내가 스스로 만들어야 하는 것이지,
저절로 다가오는 것이 아니다.
원망과 한탄과 비난만 하는 사람들은 기회를 스스로 만들려 하지 않는다..

역발상으로 기회를 잡아라

4. 사막에서 꽃을 피우자

세상에는 많은 사람들이 매일 같이 태어나고 죽고 다시 태어난다. 그렇게 태어난 사람들의 면면을 보면 각인각색이란 말을 실감할 때가 많다. 그 많은 사람들 중에는 보통사람들이 불가능하다고 모두 포기할 때에도 끝까지 포기하지 않고 연구하여 그 문제를 해결해 내는 사람들이 있다. 그런데 그 불가능하다고 했던 것을 해결하는 사람들을 바로 성공한 사람들이라고 이야기한다.

그렇게 성공을 한 사람 중 한 사람을 꼽으라면 나는 서슴지 않고 현대그룹 회장이었던 고 정주영 회장을 첫 번째로 꼽는다. 물론 다른 사람들도 많이 있지만, 그의 창의력은 타의 추종을 불허하고 우리나라 근대화에도 크게 공헌했다고 생각해 정주영 회장의 이야기를 빼놓지 않는다.

박정희 대통령이 우리나라를 근대화시키기 위해 좋은 것은 다 수출하고, 나쁜 것만 우리 국민이 쓰던 70년대 말 이야기다. 사우디아라비아는 당시 오일 머니를 이용해 많은 토목·건설 사업을 벌이려 하였으나 뜻대로 되지 않아 어려움을 겪고 있었다.

원인은 사막의 낮 기온이 50℃ 이상으로 올라 사람들이 작업을 할 수 없었기 때문이다. 사막에 고속도로를 건설하기 위해 여러 나라에 건설을 의뢰하였으나, 모든 나라가 사막에서 낮 기온이 50℃가 넘는다는 이야기에 손을 들어 버린 것이다. 그래서 당시에 세계 최빈국이었던 한국의 토목·건축 기술은 알려지지 않은 상태였는데도 한국에까지 수주 기회가 들어 온 것이다.

이 기회를 놓치고 싶지 않았던 박 대통령은 정주영 회장과 비서실장을 사우디아라비아 현장에 파견한다. 상황을 점검하고 돌아온 비서실장은 박 대통령에게 낮 기온이 50℃가 넘기 때문에 우리 근로자를 그 곳에 파견한다면 많은 근로자들의 희생이 있을 것이라고 포기하는 방향으로 보고한다. 그래서 박 대통령은 포기할 마음을 굳히고 정주영 회장을 불렀다. 대통령 집무실로 들어선 정주영 회장이 정중히 인사 후 말을 건넨다.

박 대통령 : 정 회장, 고생이 많으셨소.

정 회 장 : 각하! 지성이면 감천이라더니 하늘이 돕습니다.

박 대통령 : 무슨 말입니까?

정 회 장 : 중동은 건설 공사가 제일 쉬운 지역입니다. 일 년 열 두 달, 비가 없으니 일 년 내내 공사를 할 수 있고, 건설에 필요한 모래, 자갈이 현장에 널려 있으니 자재 조달이 쉽고 물은 어디서나 실어오면 되고요.

박 대통령 : 50도가 넘는 더위는?

정 회 장 : 낮에는 에어컨 틀어놓고 자고 밤에 일하면 됩니다.

박 대통령 : (부저(buzzer)를 눌러 비서실장을 불러) 현대가 중동에 가는데 정부가 최대한 지원을 하시오.

역발상으로 기회를 잡아라

이것은 한국이 세계 건설역사에 새로운 획을 긋는 계기가 된다. 당시까지는 선진국뿐만 아니라 모든 나라가 낮에는 일하고 밤에는 잠을 잔다는 고정관념을 가지고 있었는데, 정주영 회장의 사고가 기존의 프레임을 깨고 역사를 바꾼 것이다.

한국 사람들은 낮에는 자고, 밤에 횃불을 들고 일을 했다. 50℃가 넘는 곳에서 자국민이 일을 하다가 다칠까봐 근로자를 모두 데리고 와서 건설을 해달라는 사우디의 요청이 있었다. 그것이 우리로서는 일자리가 없어 대부분 놀고 있던 젊은이들에게 절호의 기회가 되었다. 30만의 근로자가 파견되고, 그들의 인건비로 매월 보잉 707기로 달러를 가득 싣고 돌아오는 것을 보고 전 세계가 놀랐다.

이것은 우리 대한민국 근대화의 초석을 다지는 밑거름이 되고, 외화를 벌어들이는 기회가 되어 산업화 하는데 큰 도움을 주게 된다. 남들이 못한다고 손을 놓을 때 창의적 역발상으로 기회를 잡은 것이다. 그 결과, 우리에게 더 유리한 조건으로 일을 할 수 있었고 그 방법을 지금은 모든 나라에서 따라 배우고 있다.

정주영 회장의 "해보기는 해봤어?"라는 말처럼 해보기도 전에 미리 겁을 먹고 못한다 하지 말고, 일단 생각부터 하라는 말이다. 최근 조사에서 보면 우리나라 CEO들이 신입사원을 뽑을 때 제일 높게 평가하는 것이 도전정신이라고 한다. 어려운 때일수록 목표를 정하고 도전하자. 그리고 앞으로 가는 길이 보이지 않는다면 뒤를 돌아보라. 다른 길이 보일 것이다.

Happiness Tip

"해보기는 해봤어?"
정주영 회장의 어록에 있는 말이다.
해보기도 전에 미리 겁을 먹고 못한다 하지 말고,
일단 생각부터 하라는 말이다.

180번의 날갯짓과 190번과의 차이

5. 씨앗과 열매

세상이 너무 불공평하다는 생각에 세상을 원망하며 살아가는 한 사람이 길을 떠났다. 어디를 가야 공평한 세상을 만나 누구도 원망하지 않고 따뜻하게 위로 받으면서 살 수 있을까를 생각하면서…….

목적 없이 한참을 가던 나그네는 배가 고파 길가에 있는 작은 마트에 들렀다. 그런데 뜻밖에도 그곳 계산대에 하느님이 앉아 계셨다. 하느님을 보고 깜짝 놀란 길손이 하느님께 물었다.

"하느님! 이곳에서 무엇을 팔고 계십니까?"

그러자 하느님이 대답하였다.

"예, 이곳에서는 사람들이 원하는 것은 무엇이든 다 팔고 있답니다. 손님도 사고 싶은 것이 있다면 주문을 하세요."

하느님의 솔깃한 말씀에 나그네는 무엇을 주문할까 한참을 고민하다가, 이것저것을 주문하기 시작했다. 행복, 사랑, 명예, 돈 등을 주문하다가 혼자만이 행복해지는 것이 하느님께 미안해서 '모든 사람이 다 행복해지는 것' 도 달라고 주문을 하였다.

그러자 하느님께서는 이렇게 말씀하시는 게 아닌가.

"이곳에서는 열매는 팔지 않고 단지 씨앗만 팔고 있답니다. 그 씨앗에 물과 거름을 주고 정성을 쏟아 열매로 키우는 것은 손님의 몫이랍니다."

180번의 날갯짓과 190번과의 차이

누구나 가슴에 미래의 씨앗을 심을 수는 있다. 그러나 그 씨앗을 기르는데 정성을 쏟는 것은 사람마다 다 다르다. 모두 개인차가 있어 그 결과는 미래 삶의 결과로 나타난다. 미래의 씨앗을 심는 것도 중요하다. 하지만 그에 못지않게 물과 거름을 주어 싹이 트고, 잎이 나고, 열매를 맺는 것도 중요하다.

지금 이 이야기는 독자들에게 씨앗은 될 수 있어도 열매는 본인의 노력으로 얻어지는 것을 잊지 말자는 취지에서 한 것이다.

호박벌은 1초에 180번의 날갯짓을 하면 날지를 못하고 190번을 하면 하늘을 날 수가 있다고 한다. 180번과 190번은 10번의 차이지만, 그 10번의 차이가 우리가 살고 있는 세상에서 성공과 실패를 나누는 가늠자가 된다는

사실이다. 180번의 노력은 땀을 흘렸어도 누구도 인정하지 않고 오히려 욕을 먹을 수도 있는 땀임을 명심하자.

발명 강의를 다니다 보면 발명을 어떻게 해야 하느냐는 질문을 가장 많이 받는다. 그럴 때면, "당신이 지금껏 살아오면서 불편하다고 느낀 것이 무엇이 있고, 어떤 것을 바꿨으면 좋겠다고 생각해 본 적이 있습니까? 그런 것이 있다면 그것을 먼저 공책에 정리해 보십시오"라고 이야기를 한다.

그리고 그 불편하고 고치고 싶었던 것들을 머릿속에서 하나씩 꺼내 고민하는 과정에서 얻어지는 것이 발명이라고 일러 준다.

발명은 하루아침에 하늘에서 그냥 뚝 떨어져 나오는 것이 아니고, 세상을 살면서 내가 불편하다고 느끼는 것을 찾아 고뇌하는 과정에서 생겨나는 것이다. 독자들도 지금껏 살아오면서 불편했던 것이나 바꾸고 싶었던 것들이 무엇이 있었는지 발명 공책을 한 권 만들어 오늘부터 기록해 보도록 하자.

발명은 한 마디로 "뭐, 불편한 것이 없습니까?" 하고 물으면서 찾는 데서부터 시작이다. 오늘부터 만나는 모든 사람에게 외치자. "뭐, 불편한 것 없습니까?" 하고 말이다.

Happiness Tip

호박벌은 1초에 180번의 날갯짓을 하면 날지를 못하고 190번을 하면 하늘을 날 수가 있다고 한다.
180번과 190번은 10번의 차이지만, 그 10번의 차이가 우리가 살고 있는 세상에서 성공과 실패를 나누는 가늠자가 된다는 사실이다.

경찰관들이 스티커를 발부하는데
편리하게 할 수 없을까?

하늘은 스스로 돕는 자를 돕는다

6. 볼펜 하나로 600억 원의 매출을 올린 김동환 사장 이야기

"이 옷을 입고 있으면
칼로 찔러도 몸을 보호할 수 있단 말이죠?"

"네."

"정말입니까?"

"정말입니다."

"그렇다면 당신이 이 옷을 입어 보십시오. 정말 칼이 들어가지 않는지 실험을 해 봐야 하지 않겠습니까?"

"…… 네."

"세게 찔러도 되겠습니까?"

"물론입니다. 제가 입고 있으니
이 칼로 저를 힘껏 찔러 보십시오."

"책임지지 않습니다."

"걱정 마시고 찌르십시오."

"찌릅니다."

"이 압!"

"윽!"

"괜찮습니까?"

"으-윽, 괜찮습니다."

"……."

"아니, 이렇게 좋은 것을 왜 이제 가지고 왔소?
당장 사겠습니다."

이 이야기는 모 경찰서 경찰서장과 방칼 조끼를 만든 김동환 사장의 이야기다. 방칼 조끼를 만든 김동환 씨는 어느 날 신문을 보다가 경찰관이 칼에 찔려 죽은 것을 보고, 칼로 찔러도 다치지 않는 방칼복(필자가 임의로 지은 말)을 만들어 보겠다는 생각으로 연구를 시작하게 되었다.

우리나라 경찰관들이 방탄복은 있는데, 방칼복이 없어 무거운 방탄복은 입고 다니면서 정작 필요한 방칼복은 입지 않고 다니기 때문에 칼에 찔려 사고를 당하는 것이 안타까웠다고 한다.

더구나 우리나라 사람들은 총기를 휴대하지 않는데, 방탄복을 입고 근무하는 것은 비경제적이고 비효율적이라는 생각을 하게 되었다. 그 후 칼로 찔러도 찔리지 않는 방칼복을 만들어 보겠다는 일념으로 노력한 끝에, 방칼복을 만들어 경찰서에 찾아가 방칼복을 사라고 이야기하는 과정에 일어났던 일이었다.

경찰관들이 스티커를 발부하는데 편리하게 할 수 없을까?

방칼복을 경찰서에 납품하기로 하고 어두워서야 일을 마치고 경찰서를 나서는 김동환 씨는 그동안 연구하면서 어려웠던 시절이 주마등처럼 지나갔다. 어려웠던 지난 일을 생각하며 일을 마치고 즐거운 마음으로 경찰서를 나오던 중, 경찰서 앞에서 본의 아니게 신호 위반을 하게 되어 스티커를 발부 받게 되었다.

그런데 경찰관이 턱과 어깨 사이에 손전등을 끼고 스티커를 발부하는 모습이 너무 힘들고 어색해 보여 경찰관의 스티커 발부 요령에 대해 관심을 갖게 되었다.

경찰관들이 스티커를 발부하는데 편리하게 할 수 있는 방법이 없을까?

김동환 씨는 그 생각에 골몰하고 다니던 중에 만년필 손전등이 생각나 만년필 손전등과 볼펜을 묶어 어두운 곳에서 만년필 손전등을 켠 상태로 볼펜을 사용해 보니 아주 편리하고 간편하였다. 그러나 그것을 발명품이라 할 수는 없었다.

그래서 그 후 많은 연구에 연구를 한 끝에 김동환 씨는 발광 다이오드를 볼펜 끝에 낄 수 있게 만들었다. 결국 어두운 곳에서 볼펜으로 불을 켜고 사용할 수 있는 반디 라이트라는 볼펜을 발명하게 되었다.

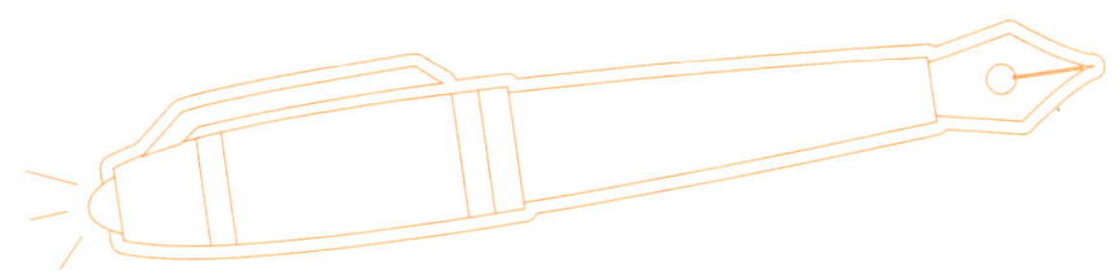

반디 라이트 볼펜을 만든 김동환 씨는 라이트 볼펜을 들고 경찰서를 다시 찾아 볼펜을 홍보하였다. 그리고 경찰서에서는 라이트 펜을 구매하여 전 교통 경찰관들에게 배포하게 되었다. 그 볼펜은 경찰관 가족 중에 무역을 하는 사람이 있어 해외에까지 소개가 되었다.

그런데 국내외에서 덤핑으로 만들어 파는 업자들이 생겨나 김동환 씨는 사업에 많은 지장을 받게 되었다.

하늘은 스스로 돕는 자를 돕는다

사업을 할 때는 3S를 기다리라는 말이 있다. 3S라 함은 Sample을 많이 만들고, Seminar를 자주 하고, Scandal이 일어나길 기다리라는 말이다. Sample과 Seminar는 인위적으로 만들 수 있으나, Scandal은 인위적으로 만들 수 없다. 그런데 이 일이 국내외에서 자연스럽게 일어났다.

사업에서 가장 중요한 것은 특허의 유무다.

다행히 김 사장은 발명과 특허의 중요성을 잘 아는 사람이라서 특허를 먼저 출원하고 사업을 시작하였다.

국내 모 문구회사는 반디라이트 펜을 무단으로 복제 판매하다가 2억 원을 배상하였고, 미국 월트 디즈니사는 반디라이트 펜을 모방한 대가를 치렀다.

월트 디즈니사가 반디라이트 펜을 모방한 대가는 600억 원이었다. 바로 월트디즈니는 반디라는 주인공을 만들어 반디 라이트 펜을 소개하는 영화를 제작해 전 세계에 보급하고, 그 영화를 보는 모든 관객에게 라이트 펜을 하나씩 선물로 주었던 것이다. 그 결과, 2002년 한해 볼펜 한 가지로만 600억 원어치를 판매해 기네스북에 오를 정도의 판매 기록을 올리게 되었다.

아프가니스탄 이라크에서 활약하고 있는 종군기자들이나 선진국의 군부대에서 사용하고 있는 볼펜의 대부분이 반디라이트 펜의 김동환 사장이 만든 발명품이다. 볼펜 하나로 세상을 놀라게 한 주인공이 우리 한국인이라는데 자부심을 느낀다.

앞에서 언급한 것처럼 '하늘은 스스로 돕는 자를 돕는다' 는 말이 있다. 정말 스스로 최선을 다하는 자에게는 하늘도 감복하여 돕는다는 말이다. 그러나 반대로 '스스로 돕지 않는 자는 돕지 않는다' 는 말도 된다. 내가 최선을 다해 노력할 때 하늘이 돕지만, 내가 노력하지 않을 때는 하늘도 돕지 않는다는 말은 한번 곱씹어 볼일이다.

Happiness Tip

내가 최선을 다해 노력할 때 하늘이 돕지만,
내가 노력하지 않을 때는 하늘도 돕지 않는다.

남과 다른 이력서를 쓰려면

7. 이력서를 다시 쓰자

명식은 50대 중반에 퇴직을 하게 되었다. 가족 중에 고등학생인 아들이 있어 재취업을 해 돈을 벌지 않으면 안 되는 상황이었다. 명식은 무엇으로 가족의 경제적 문제를 해결해야 하는지에 모든 관심을 집중하고 있었다.

취업을 할 것인지 사업을 할 것인지 고민을 많이 해 봤으나 명식은 남들이 하는 장사에는 전혀 소질이 없고 준비도 되어 있지 않은 상태였다. 밥을 먹을 때도 길을 걸을 때도 잠을 잘 때조차도 오직 가족의 생계에 대해 고민하였다.

당장 재취업을 해 돈을 벌지 않는다면 얼마 되지 않는 퇴직금으로 자녀 학비에 자녀 결혼 비용까지 생각하다 보면 자신의 노후는 보장할 수 없고 정상적인 가정생활조차 어려울 것이라는 생각이 미치게 되었다. 매일 명식은 깊은 한숨으로 생활하면서 머릿속은 복잡하기만 하였다.

결국 그는 자신이 평생을 일하며 쌓아온 노하우를 다시 발휘할 곳을 찾기로 결심하고, 50여 통의 이력서를 써서 이곳저곳에 제출했으나 면접조차 봐 주겠다는 곳이 없었다.

몇 날을 고민한 끝에 이력서를 제출해도 답이 없다는 것은 자신을 필요로 하는 회사에서 자신을 잘 몰라서 그럴 것이라 생각을 하게 되었다. 그리고 그것은 나의 스펙(자기 설명서)을 내가 잘못 나타내서 그럴 것이라고 결론지었다. 급기야 자신이 지금까지 썼던 이력서를 분석하고 다시 이력서를 쓰기 시작했다.

예전에 이력서를 쓸 때는

○○대학 졸업

○○기사 자격 취득

○○회사 입사

○○회사 퇴사

○○회사 입사

○○회사 정년퇴직

이런 형태의 이력서를 썼다. 그런데 이런 이력서는 다른 모든 사람의 이력서와 똑같을 것이라는 생각을 하게 되었다. 남과 똑같은 이력서는 똑똑한 나를 남과 똑같은 사람으로 취급받게 만든다. 그렇게 흔한 사람은 굳이 내가 아니어도 뽑을 사람이 많아 내게 기회가 오지 않을 것이란 생각을 하게 되었다.

명식은 그날부터 어떻게 하면 남과 다른 이력서를 쓸까 고민을 하다가 자신의 스펙을 아주 잘 나타낼 수 있는 이력서를 쓰기로 마음을 먹었다. 그리고 이력서를 5년 단위로 끊어서 쓰기 시작했다.

ㅇㅇ대학 졸업

ㅇㅇ기사 자격 취득

ㅇㅇ회사 입사

– 사원으로 그 회사에 필요한 이런 업무를 완벽하게 달성하여 회사에 이만큼의 이익이 돌아오게 하여 그 결과 대리로 승진하였음.

– 대리로 승진 후 이런 업무를 맡아 이런 일을 이렇게 처리하여 회사에 이만큼의 이득을 주고 과장으로 승진

– 과장 승진 후 이런 프로젝트를 만들어 이렇게 해결하여 회사에 이만큼의 이득을 끼쳤음.

– 그 후 ㅇㅇ회사에서 스카우트 제의를 받아 ㅇㅇ회사로 옮김

(중략)

– 내가 만약 이 회사에 들어온다면 이 회사에서 필요로 하는 이런 일들을 이렇게 처리하여 이만큼의 이득을 남길 수 있다고 확신함(입사하기를 원하는 회사에서 무엇을 필요로 하는지 미리 연구하여야 함).

이렇게 이력서 작성을 마무리 짓고 5곳에 제출하고 기다린 결과,

3곳에서 면접을 보러 오라 하였다. 그리고 그 3곳 모두 취업이 결정되어 골라서 취업을 하게 되었다는 이야기다.

당신이 정녕 필요한 것이 있다면 관심을 가져라. 절실하게 필요하면 그만큼 더 관심을 갖게 된다. 그리고 더 관심을 갖다보면 연구를 하게 되고, 연구를 하다보면 해결 방안이 나올 것이다.

관심을 가졌으면 '할 수 있다' 고 생각하라

'할 수 있다' 고 생각하는 사람만이 '했다' 라는 답을 얻을 수 있을 것이다.

'I can' 이라고 외칠 수 있는 자의 답이 'I did' 라는 사실을 잊지 말자.

그리고 당장 공부의 이력서, 취업의 이력서를 다시 써보자.

할 수 있다고 외치면서!

I can.

Happiness Tip

남과 똑같은 이력서는 똑똑한 나를

남과 똑같은 사람으로 취급받게 만든다.

아파트 문이 열기 힘들듯 우리 마음도 그렇다

사람들 사이에
마음의 벽이 없어야 좋은 세상이다

8. 마음을 열어야 행복도 들어오는 법이다

오늘도 누리과정 이야기가 뉴스거리다. 누리과정 원장들과 교사들은 머리띠에 피켓을 들고 길거리로 나와 구호를 외치며 시위를 한다. 그리고 정부와 지자체는 네 탓, 내 탓 공방만을 일삼고 있다. 또 어린 아이를 둔 부모들은 양쪽의 눈치를 보며, 어떻게 해야 할지 몰라 불안해하고 있다. 이것이 바로 최근 우리 사회의 얼굴이다.

무엇이 잘못되어 어린 아가들을 돌보아야 할 선생님들이 길거리로 나왔고, 부모들은 불안해할까?

필자가 중고등학교에 다니던 시절, 대한민국을 많은 선진국들이 부러워한다는 기사를 본 적이 있다. 세계에서 최빈국 중 하나인 나라이고, 먹을 것이 없어 1년이면 40여만 명씩이나 굶어 죽는 사람들이 속출하는 그런 나라를 뭐가 부러워 할 것이 있겠느냐고 할 것이다. 하지만 그것은 다름 아닌 할머니, 할아버지와 함께 사는 대가족

제도였다.

당장 먹고 살 돈과, 경제 건설을 할 돈도 없던 우리나라 정부는 당연히 복지 예산이 하나도 없어 어떤 복지 정책도 펼 수가 없었다. 하지만 지금처럼 노인 문제나 육아 문제로 이렇게 나라가 시끄럽지는 않았다.

그 이유는 다른 선진국에는 없고 우리에게도 이제는 옛말이 되어버린 대가족 제도가 있었기 때문이다. 대가족 제도는 부모님과 자식이 함께 살면서 자연스럽게 노인 문제는 해결이 된다. 그리고 할머니와 할아버지가 손자, 손녀를 돌보게 되어 누리과정 문제 또한 저절로 해결이 되는 것이다. 그래서 정부의 복지 정책이나, 누리과정의 예산 편성 문제까지 1석 4조의 효과를 볼 수 있다고 부러워했던 것이다.

아파트 문이 열기 힘들듯 우리 마음도 그렇다

전 세계가 부러워하는 대가족제도가 있었던 우리나라도 산업이 발전하면서 많은 사람들이 직장을 따라 거주지를 이전하게 되었다. 그로 인해 만들어지기 시작한 핵가족은 대가족 제도를 파괴하게 만들었다. 다른 사람의 간섭을 받지 않고 삶을 살게 된 사람들은 대가족 제도의 공동생활을 귀찮아하게 되고, 그것이 점차 일반화되어 가면서 대가족 제도는 완전히 무너졌다. 그리하여 이제는 혼자 사는 사람이 많아지고 있는 실정이다.

이런 핵가족 제도 때문에 발생한 이야기를 하는 시골의 할머니의 에피소드에 그럴 수도 있겠다는 생각을 하고 한참을 웃었던 일이 생각난다.

평생 시골에서 농사만을 짓고 홀로 살던 어머님이 도시에 사는 아들에게 찾아 가겠다고 전화를 걸었다. 어머님께서 오신다는 시간이 아들이 직장에 있는 때라 아들이 어머니를 맞이할 수가 없었다. 어찌할까 망설이던 아들은 어머니에게 아파트 출입문 비밀번호를 불러주게 되었단다.

그런데 아파트 출입문의 비밀번호 '12345#'을 전화로 가르쳐 주려 아무리 설명을 해도 어머니가 '#' 기호를 알아듣지 못해, 도저히 비밀번호를 가르쳐 줄 수가 없었다. 할 수없이 어머니에게 "어머니 현관 출입문 번호열쇠에서 12345를 누르고 '9'자 밑을 누르세요. 그러면 문이 열릴 테니까요. 어머니가 문을 열고 집에 들어가 계시면, 제가 퇴근하고 갈게요."

아들은 어머니가 당연히 집에 들어가 계실 줄 알고, 퇴근 후 천천히 일을 보고 집에 와 보니, 어머니가 아파트 문 앞에 앉아 졸고 계시는 게 아닌가? 아들이 기가 막혀 어머니를 불렀다.

"어머니! 왜, 이곳에서 졸고 계셔요. 집에 들어가지 않고? 비밀 번호를 가르쳐 드렸잖아요. 그런데 왜 들어가지 않고요?"

그러자 어머니가 하시는 말씀이 이렇다.

"야, 야! 이거 고장 났다. 내가 아무리 '12345' 를 누르고 '9' 자 밑을 눌렀는데도 안 열리더구나. 내가 잘못 눌러 그런가 하고, 조심스럽게 몇 번을 눌러도 되지 않기에 손가락이 굵어 다른 것에 닿아 그런 것 같아 이 젓가락으로 '9' 자 밑을 꼭꼭 눌렀는데도 열리지 않더라."

아들은 어머님의 행동을 보니 기가 막혀 폭소를 참지 못하고 한참을 웃을 수밖에 없었다.

그도 그럴 것이 어머니는 '9' 자 밑의 '#' 을 눌러야 하는데, '#' 을 누르지 않고 '9' 자와 '#' 사이의 빈 공백인 '9' 자 밑을 계속 누르고 계시더란다.

핵가족화 되면서 시골 부모님들이 번호키나 아파트 문화에 익숙하지 않아 만들어진 이런 에피소드는 우리에게 폭소를 자아내는 청량제 같이 들리지만, 시골에 계신 부모님들이 찾아오지 못하게 하기 위해서 아파트 이름을 어렵게 지어서, 외우기 힘들게 했다는 말을 들을 때면 왠지 기분이 씁쓸해 진다.

사람들 사이에 마음의 벽이 없어야 좋은 세상이다

그런데 요즘의 인간관계나 가족관계를 보면 막장드라마를 보는 듯한 일들이 비일비재해 경악을 금치 못한다. 머리기사로 시작하는 오늘의 뉴스는 여중생 자식을 살해하고 이불 속에 1년 동안 방치한 인면수심의 목회자 이야기부터다. 그리고 최근에 일어났던 몇 가지 사건들을 보면 함께 살던 남편을 살해해서 고무 통 속에 넣고 몇 년을 지낸 마누라, 자식에게 먹을 것을 주지 않아 굶어 죽기 직전까지 몰고 간 부모, 보험금을 타기 위해 브로커와 짜고 남편을 차에 치어 죽게 하는 아내, 정말 사람의 탈을 쓰고는 도저히 있을 수 없는 일들을 하는 짐승 같은 인간들이 있다.

왜 이런 일들이 일어나는 것일까?

사람은 사회적 동물이라고 했다. 그런데 나 홀로 사는 습관에 익숙해지고 생존경쟁에만 매달리다 보니 나만 알아주는 사회, 나만 중요한 사회, 나만 대접 받는 사회가 되어 그렇게 되지 않았나 싶다. 꽉 닫힌 아파트 문처럼 서로의 마음을 걸어 잠그고, 나 혼자만 알고 살아가는 사회가 되어서 그런 것 같다.

사회 발전의 현상에 의해 시골에서 올라오신 어머니가 아파트 키를 못 여는 것은 웃을 수 있는 일이다. 하지만 혼탁해져 가는 가정생활의 원형을 복원하는 일은 다시 대가족제도로 돌아 갈 수 있는 방법이 아닐까 싶다. 그 옛날 활짝 열려 있던 우리네 대문처럼, 아니 담장조차 없던 그 시절처럼 사람들 사이에 마음의 벽이 없는 그때로 돌아갈 수 있으면 얼마나 좋을까. 물론 꿈에서나 가능하겠지만…….

Happiness Tip

행복은 그냥 다가오는 것이 아니다.
나 자신이 노력해서 마음의 문을 열어야 한다.
그리고 사람들 사이에 가로놓인 벽들 너머로 손을 뻗어 손짓해야 한다.
행복한 삶을 꿈꾸기 위해서는 내가 먼저 다가가야 하고,
나보다는 남을 더 생각하는 마음을 가꾸어야 한다.

PART Ⅴ

오늘 행복하다면 내일도 행복 지수는 '맑음'

아이와 남편의 든든한 배경이 되어주라

1. 내게 가장 소중한 것은?

어느 가난한 부부가 배가 고파 허기진 배를 움켜쥐고 길을 가는데 커다랗게 쓰인 글이 보였다.

"당신 앞에 있는 봉투 하나만 선택하시오."

부부 앞에는 3개의 봉투가 있었는데 첫 번째 봉투에는 '명예,' 두 번째 봉투에는 '사랑,' 마지막 세 번째 봉투에는 '부(富)'라 쓰여 있었다.

배고픔과 추위에 떨던 부부는 배고픔과 추위를 이길 수 있는 부를 선택할까 망설이다가, 남자가 여자의 눈을 바라보면서 이렇게 이야기를 한다.

"여보! 우리가 비록 추위와 배고픔에 떨고 있어도 당신이 곁에 있으니 난 행복하오. 부는 앞으로 내가 돈을 많이 벌어 채워 줄 테니 우리 사랑을 선택합시다."

그 말에 여인은 남자의 품에 안기며 "난 당신 품이 있으니 춥지 않고 당신의 사랑이 있으니 배가 고프지 않아요. 당신이 선택하는 것이면 무엇이든 좋으니 당신께서 선택하세요."라고 말하며 눈물을 흘렸다.

남자는 배고픔과 추위에 떨고 있는 여인을 위해 잠시 망설이다가 이렇게 결심한다.

"그래 지금은 배가 고파도 앞으로 내가 사랑하는 이 여인을 위해 열심히 일해서 돈을 벌면 될 것이다. 그러나 사랑은 한 번 잃으면 다시는 찾지 못할 것이니 사랑을 선택하자."

그렇게 다짐을 하면서 남자는 추위와 배고픔을 참고 사랑을 선택했다. 그런데 사랑을 선택하는 순간 갑자기 그 남자와 여자 앞에 부와 명예가 함께 따라오기에 깜짝 놀라 이야기를 했다.

"이보세요! 난 사랑을 선택했지, 부와 명예는 선택하지 않았습니다. 그러니 빨리 저리 가시오. 내 사랑이 떠나면 아니 되오."

그러자 부와 명예가 이렇게 말했다.

"주인님, 우리는 사랑의 노예랍니다. 사랑이 가는 곳이면 어느 곳이든 가서 그 사랑을 지켜 주는 것이 우리의 임무랍니다. 주인님께서는 사랑을 선택하시었기 때문에 저희들의 주인님이 되신 것입니다."

이것은 이솝우화에 나오는 이야기다.

아이와 남편의 든든한 배경이 되어주라

오늘도 부인이 남편을 청부살해했다는 소식과, 보험금 때문에 남편이 부인을 살해 했다는 소식이 뉴스 사회면을 장식한다. 백년해로하기로 약속을 하고 사랑을 맹세한 사람들이 무엇 때문에 그런 일을 벌일까? 사랑을 포기하고 부를 선택해 보험금을 타려 가족을 죽인다.

80살 먹은 노모는 자식들이 당신의 손을 잡아 줄 때 감동을 해서 눈물을 흘린다고 한다. 당신은 어머님의 손을 몇 번이나 잡아 주고 있는가? 내 자식은 내가 늙으면 내 손을 잡아 줄 수 있을까?

엄마가 아이의 등을 두들겨 주는 것은 엄마가 아이에게 하는 무언의 신호다. 엄마가 네 백(back)이 돼 줄 테니 걱정하지 말라는 신호……. 그 신호에 아이는 세상을 다 가진 것처럼 행복해하고, 엄마만 옆에 있으면 아무것도 두려울 것이 없어 마음 놓고 활보할 수 있는 것이다.

백(back)은 영어로 등이라는 뜻과 '뒤 배경' 이라는 뜻도 포함하고 있다. 우리가 서로에게 등을 두들겨 주는 것은 내가 너의 뒤 배경이 되어준다는 말이다. 그래서 아무것도 모르는 아이들도 등을 다독여 주면 힘을 얻고 좋아한다.

그렇게 등을 두들겨 주고 힘을 주던 엄마의 손이 초등학교 고학년으로 가면 등은 등짝으로 변하고, 엄마의 입에서 쏟아지는 거친 말과 잔소리에 아이는 뒤 배경(back)을 잃고 점점 날개 잃은 새가 되어 간다.

세상은 자신이 가진 능력을 발휘하면서 살아간다. 그런데 같은 능력이라도 사랑을 받을 때와 받지 않을 때 발휘 되는 능력의 차이가 달라 삶의 질에도 크게 영향을 준다는 사실이다. 출근하는 남편의 등을 두들겨주며 "당신이 최고야! 오늘도 파이팅!"이라고 힘을 실어주는 아내를 둔 남편은 사회생활이 즐겁고 활기차며 행복하다. 그리고 퇴근 후 집안일을 하고 있는 아내를 꼭 안아 주고 등을 두들겨 주면서 "당신, 수고했어!"라고 인정해 주는 남편이 있는 집안은 행복한 집안이 아닐까.

돈과 명예보다 중요한 것은 사랑이다. 그 사랑의 근원은 가정이고, 그 가정의 사랑이 이루어져야 사회도 건강해질 수 있을 것이다. 아들의 잘못과 남편의 단점을 찾기보다 장점을 찾아 칭찬해 주고 등을 두들겨 주며 격려해주면서 내가 당신의 '빽'이 되어 주겠다는 무언의 약속을 서로에게 해보자. 그것이 사랑의 시발점이 될 것이고, 그것이 바로 당신 가정의 행복을 지켜주는 신호등이 될 것이다.

Happiness Tip

돈과 명예보다 중요한 것은 사랑이다.
그 사랑의 근원은 가정이고, 그 가정의 사랑이 이루어져야
사회도 건강해질 수 있다.

내일의 삶은 누구를 위한 삶인가?

2. 내일의 빛은?

오랜만에 옛날에 함께 근무하던 동료들과 만났다. 모두들 반가움에 포옹을 하며, 서로의 등을 두들겨주고 격려해 주는 이야기들이 정겹고 아름답게 느껴진다.

우리의 만남은 10년이 넘는 세월 속에서 처음 만날 때는 서로 약간의 어색함과 이질감을 느끼는 듯 했으나, 곧바로 옛날의 냄새에 취할 수가 있었고, 따뜻한 정감에 빠질 수가 있었다. 다만, 없던 주름이 생기고 머리카락이 희끗희끗하게 된 것 이외에는 변함이 없는 듯하다.

음식을 먹다가도 멀리서 오는 옛 동료가 전철역에서 전화가 오면 차를 가지고 직접 마중 나가는 총무를 맡은 선생님의 모습에서 정성이 보인다.

그런데 교사들의 모임은 평소에는 서로 말없이 지켜보다가도 토론이 벌어지면 모두의 전공이 다른 탓인지 서로의 색깔을 드러내는 경우가 있다. 그래서 오히려 흥미로운 경우가 종종 있다.

옛날 함께 같은 부서에서 근무를 했던 한문을 가르치던 엄 선생님이 갑자기 질문을 한다.

"형님! 사람들은 왜 살아요?"

너무 뜬금없는 질문이다.

"왜 사느냐고?"

갑작스런 질문에 뜸을 들이다가 역으로 질문을 했다.

"내가 엄 선생님한테 질문을 해 볼까? 만약 내가 1대에 1억씩을 주고 10대를 때린다면 매를 맞겠는가?"

"한 대에 1억요?"

"그렇다네."

"어디를 때릴 건데요?"

"엉덩이를 몽둥이로"

"전 맞지요."

"왜 맞지? 맞으려면 많은 고통이 따를 텐데."

"그래도 그 매를 맞고 나면 내일이 있잖아요."

"그럼, 내가 100억을 준다면 내일 죽어 줄 수는 있겠는가?"

"아니요. 내가 왜 죽어요."

"아니, 100억을 주는데도."

"그래도 내가 죽으면 그 100억은 아무 소용이 없지 않아요."

"맞아, 우린 그래서 사는 거라고 생각하네. 지금 우리가 힘들어도 열심히 사는 것은 내일이 있기 때문이 아닐까? 그런 생각이 드네."

정말 우리가 왜 사는 것일까?

지금 공부를 하고 있는 학생들을 보면 내일이 있기 때문이라는 말이 맞는데, 예전에 헌신만을 하면서 살아온 부모들은 내일 무엇을 기다리며 살아오신 것일까?

내일의 삶은 누구를 위한 삶인가?

내일이 길지 않은 부모님들에게는 내일의 빛이 무슨 빛일까?

헌신만으로 살아오신 부모님들의 어깨에 가늘게 비치는 내일의 빛을 더 밝게, 더 넓게 해줄 수 있는 방법을 한 번씩 생각해 보면 어떨까?

Happiness Tip

내일의 삶은 누구를 위한 삶인가를 생각해 보는 것이 행복의 보호막이다.

시작하는 날과 끝나는 날을 반드시 정하라
평가는 최고의 효과를

3. 밀도 있는 학습법

희망의 새해 아침이 밝았다. 밤새 내린 하얀 서리가 따스한 햇볕에 녹으면서 천상의 향기로 코끝을 자극하는 봄날 같은 싱그러운 아침이다. 모든 사람들은 새해를 맞아 새로운 계획으로 그 꿈을 이루기 위해 부푼 꿈을 안고 새롭게 다시 일상을 시작한다.

저녁 늦은 시간에 시내를 지날 때면 학생들이 집으로 돌아가 텅 비어 있어야 할 학교 건물이 환하게 불이 켜 있는 것을 볼 수 있다. 모든 혈기가 다리와 허리에 몰려 있어 뛰고 달리고 움직여야만 하는 학생들이 하루 종일 작은 책상에 앉아 좋은 대학을 가기 위해, 성적 향상을 위해 자신과 씨름하고 있는 불쌍한 대한민국의 청소년들이다.

대부분 근로자들이 일하는 시간에 비례해 생산량이 증가하는 것이 일반적인데, 학생들의 성적은 공부하는 양에 비례해 나타나질 않는다. 학생들이 학교나 학원에서 대부분 같은 시간을 보내는데도 학생들의 성적은 들쭉날쭉하다.

왜? 어떤 학생은 짧은 시간만 공부해도 성적이 오르는데, 어떤 학생은 오랜 시간을 공부하고도 성적이 오르지 않는 것일까?

유전적인 요인이나 학습 환경, 가정환경, 학습 방법 등 여러 가지 요인이 있을 것이다. 하지만 필자가 다른 것은 어쩔 수 없다 하여도 성적 변화에 가장 큰 영향을 줄 수 있는 효율적인 학습 방법을 소개할까 한다.

효율적인 학습을 위한 방법은

첫째, 나를 분석하라.

둘째, 시간을 밀도 있게 활용하라.

셋째, 공부할 목표를 정해라.

넷째, 시작하는 날과 끝나는 날을 정해라.

다섯째, 계획은 구체적으로 짜라.

여섯째, 평가할 수 있게 하라.

일곱째, 시간을 여유 있게 하라.

시작하는 날과 끝나는 날을 반드시 정하라

첫째, 나를 분석하라.

나는 육체의 나와 정신의 내가 있다. 정신의 나는 미래를 걱정하고 성공했을 때의 미래를 생각하며 희망에 부풀어 있는데, 육체의 나는 매일 게으름만 피우기를 원하고 정신의 나에게서 멀어지려 한다. 두 개의 나에서 정신의 내가 이기는 자만이 원하는 것을 쟁취할 수 있을 것이다. 나를 분석하고 정신의 내가 이길 수 있는 훈련을 하자.

올림픽 선수들이 경기장을 가지 못할 경우, 경기장 사진을 벽에 붙여 놓고 이미지 트레이닝만 하여도 실제 경기력에 효과가 있다는 연구 결과가 있다.

둘째, 시간을 밀도 있게 활용하라.

이것이 시간 관리와 성적 향상에 가장 중요한 것이다.

책상에 앉아 있는 시간을 공부하는 시간으로 착각하지 말자. 예를 들어, 9시부터 10시까지 영어를 공부하기로 하고 시작했는데 엄마가 간식을 준다고 해서 먹고, 오는 전화도 받고, 문자도 보내다 보면 정작 공부에 몰입하는 시간은 그다지 많지가 않다.

대부분의 학생들이 책상에 앉아 있는 시간은 비슷한 데도 성적이 다르게 나타나는 원인 중 하나가 여기에 있다고 할 수 있다. 학습 시간을 밀도 있게 사용하기 위해서는 학습 속도를 체크하는 것이 중요하다. 오늘은 한쪽을 학습하는데 10분이 걸렸다면, 다음에는 9분으로, 그 다음에는 8분으로 학습 시간을 점점 줄여 학습 스피드를 올리고 학습의 밀도를 높이는 것이 중요하다. 시간을 압축파일로 만들어 사용하자.

우리가 책상에 앉아 밀도 있게 학습을 하는 것이 성장의 싱싱한 초록색이라 한다면, 책상에 앉아 다른 일을 하면서 시간을 밀도 있게 사용하지 않고 낭비하는 것은 떨어지는 갈색 낙엽이라 할 수 있겠다.

셋째, 공부할 목표를 정해라.

사람의 삶 중에서 재미가 없는 삶은 목표가 없는 삶이다.

삼청교육대에서 가장 힘들었던 것은 잔인한 구타와 자유를 억압하는 폭행이었지만, 그 중 다른 하나는 목표가 없는 작업이었다고 한다. 아침에 눈을 뜨면 이쪽에 있는 흙을 저쪽으로 옮기고, 다음날은 저쪽에 있는 흙을 이쪽으로 옮기는 단순한 작업만 계속 반복하여 시키기 때문에 작업이 지겨웠고 힘들었다는 이야기가 있다.

삶에는 목표가 있어야 그 목표를 향해 나가는 재미가 있다. 맹목적인 학습이 아니라 구체적인 목표를 가지고 학습을 하는 것이다. 이번 방학에는 수학Ⅰ을 끝내겠다든가, 종합영어를 끝내겠다는 목표가 반드시 있어야 한다.

목표가 없는 계획은 웃음이 없는 코미디와 같을 것이다.

넷째, 시작과 끝을 정해라.

필자는 어려서 시골에서 아버지의 농사일을 도우면서 학창시절을 보냈다. 아버지께서는 충남 금산에서 인삼 농사를 지으셨는데, 주말이면 인삼밭의 풀을 뽑는 것은 주말행사처럼 되어있었다.

어느 날은 인삼밭의 이랑도 짧고 양이 얼마 되지 않아 빨리 끝내고 내 일을 할 요량으로 정신없이 풀을 뽑았다. 그런데 이랑이 길어 끝이 보이지 않는 인삼밭에서 풀을 뽑을 때면 언제 끝날지 몰라 지겹고 일을 하기도 싫었다. 그래서 천천히 속도도 내지 않고 해작질을 해가며 풀을 뽑았던 기억이 있다.

모든 일을 할 때면 정초에 계획을 세우고 시작하듯, 시작하는 날을 정하고 반드시 끝나는 날을 정해야 한다. 그래야 그날을 기다리며 힘들고 어려워도 참고 이겨낼 수 있는 것이다.

다섯째, 계획은 구체적으로 세워라.

초등학교 때부터 시간계획표를 그릴 때 둥그런 원 안에 공부 시간과 노는 시간과 잠자는 시간을 열심히 적어 놓았던 기억들이 있을 것이다. 그 계획표는 일반적이고 전체적인 계획표일 뿐이다. 하루의 계획을 짜는 것은 시간에 맞추어 할 일을 구체적으로 기록하는 것이 중요하다.

예를 든다면,

8시 00에서 8시 10분까지는 영어 단어 10개,

8시 10분부터 9시까지는 수학Ⅰ 10쪽에서 15쪽까지 풀기…….

이처럼 학습계획은 구체적으로 짜 시간 내에 학습할 양을 반드시 정해야 한다.

그래야 하루하루의 학습한 양의 내용을 평가할 수가 있다.

평가는 최고의 효과를 낼 수 있는 수단이다

여섯째, 계획은 평가할 수 있게 짜야 한다.

학창시절 고등학교 3학년 때가 가장 많은 지식을 폭 넓게 알고 있다고 한다. 대학입시를 위한 준비를 하느라 필요한 많은 지식과 정보를 익힌 결과라 생각한다.

학생들이 학교에서 평가가 없다면 공부를 그렇게 열심히 할까? 평가는 사람에게 긴장을 주고 스트레스를 줄뿐 아니라, 정확한 평가를 할 수 없으니 평가 무용론을 주장하는 사람이 있다. 그러나 평가야말로 목표를 달성하는 데 최고의 효과를 낼 수 있는 수단이라고 생각한다.

따라서 개인에게도 스스로 평가를 할 수 있게 계획을 짜는 것이 대단히 중요하다.

예를 든다면, 잠자기 전에 내가 세웠던 계획이 제대로 실행되었는지 확인하기 위해 10개의 영어 단어를 암기해 보고 목표를 삼았던 진도를 점검해 보자. 그럼으로써 자신의 학습을 확인할 수 있을 것이다.

따라서 평가 계획도 작성하여 잠자기 전에 반드시 평가를 해보고 하루를 마치는 것이 중요하다.

일곱째, 시간을 여유 있게 짜라.

살다 보면 항상 시간이 날 기다려 주지 않고, 넉넉하지도 않으며, 엉뚱한 일들이 잘 생긴다. 몸이 아프다든가, 친구가 병원에 입원한다든가, 친척집에 애경사가 생긴다든가 등등의 일로 계획대로 일을 추진할 수 없는 경우가 있다.

이런 때를 대비해서 약간은 느슨하고, 쉬는 날도 정해 놓는 것이 중요하다. 그리고 사람은 기계가 아니기 때문에, 너무 타이트하게 해 놓으면 지쳐서 오히려 능률이 오르지 않을 수도 있다. 그러니 일주일에 하루 정도는 쉴 수 있는 시간을 정해라.

목표치를 모두 달성했을 경우는 그 시간에 쉬기도 하고, 평가를 한 후 목표치에 달성치 못했을 때는 부족한 부분을 메우는 시간으로 활용하면 좋을 것이다.

새로운 일에 도전하는 것을 파란색으로 비유한다. 파란 빛은 창의적인 사고다. 여유로운 시간은 창의력을 키울 수 있는 파란빛이다. 파란빛이 있어야 희망이 보인다는 것을 염두에 두자.

시간 계획을 잘 짜는 것보다 더 중요한 것은 시간 계획을 잘 이행하는 것이다. 잘 짜인 계획과 밀도 있는 수업으로 원하는 일들이 모두 성취되길 새해 아침에 빌어본다.

Happiness Tip

목표가 없는 계획은 웃음이 없는 코미디와 같다.

지금 투자하는 나의 마중물이 먼 미래에

4. 내 인생에 마중물을 부어주자

세월이 눈 깜짝할 새에 지나가고, 세상은 빠르게 변했다. 그러다 보니 내가 어렸을 때 참 부러워했던 펌프물도 이젠 시대의 유물이 되어 펌프물에 대해 먼저 설명을 하고 이야기를 시작해야 할 듯하다.

펌프물은 지하의 우물물을 쉽게 퍼 올릴 수 있도록 만든 장치로 당시에는 현대화된 신식 물 푸는 기계 장치라 할 수 있다. 그래서 펌프가 있는 집은 부러움의 대상이 되기도 했다.

펌프 장치는 피스톤의 상하 운동에 따른 압력차에 의해 물이 이동하는 원리를 이용한 것인데, 펌프물이 말라 버리면 압력차를 발생시킬 수 없게 된다.

따라서 물을 퍼 올리려면 물 한 바가지를 퍼서 펌프에 부어 진공 상태를 만들고 펌프질을 열심히 하면 다시 물이 나오기 시작한다. 한 번 나오기 시작하면, 펌프질만 계속해 주면 지하 깊은 곳에 있는 깨끗한 물이 쉼 없이 펑펑 쏟아져 나오게 된다.

이때 압력차를 만들어 물을 끌어올리기 위해 부어주는 한 바가지의 물을 '마중물'이라 한다. 마중물 한 바가지는 지하수를 끌어 올릴 수 있는 원천이 되어 갈증을 느끼는 모든 사람들에게 생명수를 만들어 주는 것이다.

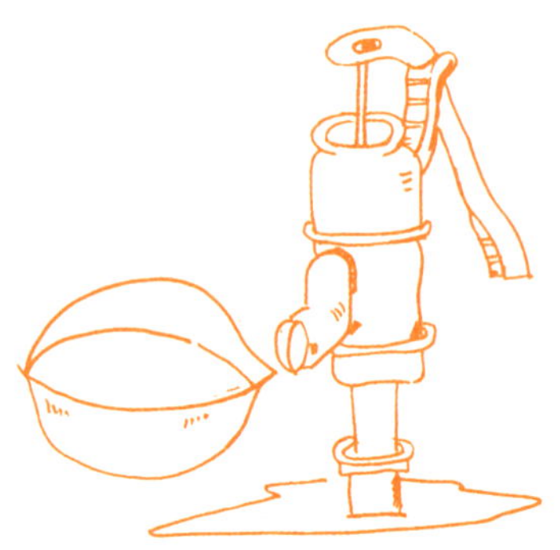

세상을 살면서 흔히 사람들은 노력은 하지 않으면서 많은 것을 저절로 얻으려는 경우가 종종 있다. 꽃이 아름다운 것은 꽃이 피지 못하도록 경쟁하고 시샘하는 잡초가 있기에 가능한 것이다. 세상에 꽃만 있다면 꽃은 꽃이 아니고, 지금처럼 아름답지도 않을 것이다.

꽃은 잡초가 있기에 더욱 아름답다. 그래서 잡초 앞에서는 겸손하게 꽃망울이 머리를 숙인다. 당신이 있기에 내가 아름답다고……. 그래서 시인은 멀리서 보면 아름답고 가까이에서 보면 사랑스럽다는 표현을 했는지도 모르겠다.

지금 투자하는 나의 마중물이 먼 미래에

우리는 자신의 미래를 위하여 투자해야 하고, 시샘하고 질투하는 사람과의 경쟁에서 이겨 내기 위해 준비해야 한다. 마중물이 있기에 물의 원천을 찾을 수 있고, 주변의 시샘과 경쟁자들이 있기에 내가 돋보임을 생각하고, 겸손하게 고개 숙이고 결실 맺을 그날을 위해 노력해야 한다.

하루 한 시간씩 투자하여 3년을 계속하면, 그 방면의 일을 알게 되고, 5년을 투자하면 잘 한다 소리를 듣게 되고, 10년을 투자하면 그 방면에서는 전문가가 된다고 한다.

얼마 전 뉴스 시간에 50대 아저씨가 명퇴를 하고, 중국어에 도전하여 5년 동안 열심히 노력한 결과 중국어에 능통하게 되었다는 기사가 나왔다. 그래서 중국어 관련 회사에 취직을 했다는 소식을 들은 일이 있다.

대학 졸업자들의 입사 원서를 보면 '당신이 발명한 발명품이나 특허를 기술하라' 고 하는 양식이 한 장 더 추가해서 따라다닌다. 그리고 2014년 8월 29일 매일 경제 신문에 "포스코 그룹은 9월에 지원서를 접수할 예정인데, 발명이나 특허자격 보유자 혹은 3개 국어 이상 구사 가능한 자는 우대한다"는 신문 기사가 있었다.

오늘부터 내일을 준비할 수 있는 발명의 마중물을 붓고 펌프질을 시작해 보자. 그리고 시작한 일이라면 주저하지 말고 끝까지 최선의 노력을 다하자.

지금 투자하는 나의 마중물이 먼 미래에 갈증을 느끼는 많은 사람들에게 생명수로 나누어 질 수 있도록 하자. 그리고 당당하면서도 겸손하게 고개를 숙인 꽃망울처럼 고개 숙일 수 있는 여유를 누려 보자.

Happiness Tip

꽃은 잡초가 있기에 더욱 아름답다.

5. 행복한 100세 시대를 준비하자

이 글은 필자가 3기 말 '구인두암(일명 편도암)' 이라는 암 투병 중 죽음을 목전에 두고 건강을 찾는 과정에서 얻어진 내용을 바탕으로 홍혜걸 의학전문기자의 강의를 듣고 참고하여 작성한 글이다.

우리의 몸은 사람에 따라 차이가 있겠으나 70킬로그램 성인 기준으로 대략 70조 개의 세포로 이루어져있다. 그런데 그 세포들은 대부분 3주인 21일에서부터 4개월까지 살고 수명을 마친다고 한다. 다시 말하면, 하루에 1조 개 이상의 세포가 죽고 또 새롭게 탄생하는 세포의 수 역시 1조 개가 된다는 것이다.

그런데 우리 몸의 세포는 대단히 정교한 메커니즘으로 자기하고 똑같은 세포를 만드는데, 간혹 불량품을 만든다고 한다. 하루에 대략 5,000개에서 10,000개의 불량 세포가 만들어진다고 하는데, 불량률을 계산해 보면 0.000001에서 0.0000002 퍼센트가 된다.

인간의 힘으로는 생각할 수 없는 불량률이 나오지만, 그렇게 생산

된 불량세포들이 죽지 않고 우리 몸속에서 자리를 잡게 되면 그것이 우리에게 치명적인 암세포가 된다. 더 치명적인 것은 몸에 좋지 않은 음식을 먹는다든가, 담배를 많이 피운다든가, 자외선에 노출되든가, 기타 질병에 감염되든가 하면 불량률이 높아지게 된다는 것이다.

그런데 다행히 우리에게는 면역 세포가 있다. 이 면역세포가 불량세포를 잡아 주게 되어 우리가 건강을 유지할 수가 있는 것이다.

이 면역 세포가 뭐냐 하면, 우리 혈액 속에 있는 백혈구나 림프액 등이다. 이것들은 우리 몸을 지키는 군대와 같은 것이다. 그래서 우리 몸에 해를 끼칠 만한 균이나 세포가 나타나면 몸에서 활동을 하지 못하게 한다.

한편, 우리가 피부에 상처가 났을 때 피는 나지 않는데 진물이 흐를 때가 있다. 이때 흐르는 이 진물이 림프액이다. 이 림프액은 상처가 난 피부에 세균이 들어오는 것을 막아주어 우리 몸을 보호하게 된다.

특히 조심해야 할 것은 스트레스

우리 혈액 속에는 백혈구, 적혈구, 혈소판이 있다. 그중 우리 몸을 지키는 백혈구는 우리의 몸에 있는 대표적인 면역세포로, 훈련이 되어 있지 않으면 우리 몸을 지킬 수가 없다. 그렇게 되면 우리는 감염이 되기 때문에, 우리는 이 면역세포들을 훈련시키기 위해 예방 주사를 맞는 것이다.

훈련이 안 된 백혈구에 병원균이 침투하면 방어 능력이 부족하다. 그렇기 때문에 훈련을 시키기 위해 스파링 상대를 몸속에 침투시키는 것이 예방주사이다. 이 예방주사는 건강한 병원균을 우리 몸에 넣으면 병에 걸릴 위험이 있기 때문에 반쯤 패대기를 쳐 힘이 없게 만든 다음 우리 몸속에 집어넣는 것이다.

그러면 우리 몸속의 백혈구들은 적이 침투한 사실을 비상을 걸어 알리고, 그 병원균들이 퍼져 나가지 못하게 포위를 하고 전투를 벌이는 것이다. 다행히 훈련이 잘된 백혈구들을 가지고 있으면 별 흔적이 없다. 그러나 훈련이 안 된 백혈구가 있는 곳에서는 전투의 흔적이 나타나 열이 나고, 부어오르고, 심지어 고름까지 생겨난다.

우리가 팔뚝에 예방 주사를 맞았을 때 부어오르는 것을 볼 수 있다. 그것은 훈련이 덜 된 백혈구들이 치열하게 싸우다 보니 열이 나는 것이다. 그리고 나중에 고름이 맺히는 것은 그 싸움에서 전사한 백혈구들의 사체라고 보면 될 것이다.

이처럼 예방주사는 우리 몸속에 있는 백혈구들에게 스파링 상대를 찾아 훈련을 시키기 위한 것이다.

우리는 예방주사가 아니라도 우리 몸의 면역세포들이 강해질 수 있도록 지속적인 훈련을 시켜야 한다. 그런데 그렇지 못한 경우가 있어 건강을 해치게 되는 일들이 발생한다.

그것은 스트레스, 과로, 잘못된 음식 선택 등이다. 이 가운데 특히 조심해야 할 것은 스트레스인데, 과도한 스트레스가 쌓이게 되면 정교한 메커니즘도 붕괴되어 불량률이 엄청 높아진다. 그래서 수십만 개에서 수백만 개의 불량 세포를 만들어 낸다고 한다. 그러면 아무리 잘 훈련된 백혈구라 하더라도 그 많은 불량 세포를 다 잡을 수 없게 된다. 그리고 그 늘어난 불량세포들이 이곳저곳에서 자라게 되는데, 그것을 암세포라고 하는 것이다.

자율신경 리듬이 깨지면

그러면 우리는 건강을 위해 무엇을 해야 할까?

우리 몸의 건강을 위해 가장 좋은 것은 무엇일까? 운동? 휴식? 좋은 음식?

첫 번째, 제일 중요한 것은 마음의 평화다.

다시 말하면, 스트레스를 받지 않는 것이다. 우리의 면역력이 떨어지는 가장 큰 원인은 불안하고 초조하고 과도한 긴장으로 마음의 평화가 깨지는 것이다.

코미디언 이주일 씨가 걸린 폐암의 원인이 담배 때문이라고 광고에 나온다. 그런데 그것은 단지 광고일 뿐이다. 이주일 씨가 걸린 폐암은 선암이라고 하는데, 이것은 담배와 전혀 무관한 암이라고 한다. 그가 암에 걸린 것은 자신의 아들을 지극히 아끼고 사랑했는데, 당신이 무명시절에 아들을 많이 고생시켰다고 한다.

그런데 조금 유명해지면서 아들을 유학 보냈고, 유학에서 돌아온 아들이 보니까 아빠 벤츠 승용차가 있더란다. 그것을 보고 아빠 승용차를 몰아 보겠다고 하자 새파랗게 젊은 녀석이 이렇게 좋은 차를 모냐고 야단을 치게 되었단다. 그런데 그날 밤 아들이 술에 취해 아버지의 차를 몰고 나가 사고가 나 그 자리에서 죽게 되었다고 한다.

이주일 씨는 아들이 죽은 것을 자신의 탓이라 생각하고, 식음을 전폐하고 술 담배에 찌들어 살면서 죽을 때까지 턱수염을 깎지 않고 지냈다고 한다. 그때 마음의 평화가 깨지고 과도한 스트레스를 받게 되어 암에 걸리게 되었다는 것이다.

두 번째는 운동이다. 등산하는 것처럼 걷는 운동이다.

우리 주변에 위장이 나쁜 사람들이 많다. 뭘 조금만 먹어도 체한 듯하고, 소화가 안 되어 트림을 하고 답답해하는 사람이 많다. 병원의 내시경을 해봐야 위궤양이 있는 것도 아니고 별 이상이 없다. 본인이 아프다고 하는 하소연만 남는다. 이것이 다 신경성이다.

우리가 과도한 스트레스나 과로에 시달리면 자율신경 리듬이 깨지면서 서로 엉키는 것이다. 그러면 계속 소화 운동을 해야 할 위장이 움직이지도 않고, 소화 효소도 분비되지 않게 되어 속이 답답하고 아프게 되는 것이다.

근본적으로 중요한 것은 걷기 운동이다

우리 몸의 장기는 대부분 다 이식이 되는데, 유독 위장은 수천 개의 신경다발로 되어 있어 장기 이식이 안 된다고 한다. 그런 위장이 탈이 나면 어떻게 해야 할까? 근본적으로 중요한 것은 걷기 운동이다. 틈나는 대로 걷는 것이 엉켜 있는 자율신경을 원래의 리듬으로 되돌아오게 만들 수 있는 것이다.

그리고 걸을 때 가급적이면 오르막 걷기 운동을 하는 것이 좋다. 올라갈 때는 가파르게 올라가고, 내려올 때는 완만하게 내려오는 것이 좋다. 그것이 하체의 근력을 키우고 관절을 보호하는 방법이다.

100세 이상 장수하는 사람들을 보면, 하체 근력을 가지고 있는 분들이 많다. 하체가 튼튼한 분들은 혈당이 높아도 합병증이 오지 않는데, 반대로 다리가 비쩍 말라있고 배가 나온 사람들은 약으로 혈당을 잡아도 합병증이 빨리 온다고 한다.

우리의 하체 근육은 우리 인체의 쓰레기를 태우는 소각장 역할을 하는 곳이고 난로 역할을 하는 곳이다. 그래서 잉여 칼로리를 다 태우기 때문에 하체근육이 튼튼한 사람은 혈관이 맑고 깨끗해 중풍이나 심장병, 고혈압 같은 성인병에 걸리지 않는다고 한다. 그리고 다리 근육은 당분을 저장하는 창고 역할도 한다는 것이다.

이곳은 간에서 저장하는 글리코겐보다 두세 배 많은 포도당을 저장한다는 이야기다. 그리고 그 포도당을 에너지가 필요할 때 안정적으로 공급해 주는 역할을 해 그 사람이 지치지 않게 해주는 역할을 한다.

허벅지가 굵다고 무조건 좋은 것은 아니고 근육으로 굵어야 좋다. 그런데 그것을 알아보기 위해서는 손으로 잡아 얇게 피부가 잡힐수록 좋다고 생각하면 된다.

마지막으로 음식이다. 우리는 기름지고 맛있는 음식, 간편하게 먹기 위한 인스턴트 음식을 선호하는 경우를 많이 볼 수 있다. 그런데 정작 우리 몸에서 요구하는 것은 맛있는 음식이 아니라 건강한 음식이다. 따라서 입에 맞는 맛있는 식탁보다 몸에 맞는 건강한 식탁을 꾸려 건강을 유지했으면 하는 바람이다.

결론적으로 말해서, 불량세포를 만들지 않기 위해서는 첫째 스트레스를 받지 말아야 하고, 둘째 많이 걸으면서 하체 근육을 키워야 하고, 셋째 몸에 맞는 건강한 음식을 찾아야 할 것이다.

인생 백세시대라고 한다. 70세까지 건강하게 살고, 그 이후에 숨만 쉬면서 산다면 무슨 의미가 있을까? 숨만 쉬는 백세시대가 아니라 건강한 몸으로 백세를 준비하는 건강 백세 시대가 될 수 있도록 준비해보자.

Happiness Tip

입에 맞는 맛있는 밥상보다 몸에 맞는 건강한 밥상을 준비하라.

소금이 부족하면 몸속 세균들이 번식한다

건강한 몸으로 오래 살려면

6. 소금은 먹어야 산다

6·25동란 때 쌀 한 섬을 가지고 피난 간 사람은 죽었어도, 소금 한 말을 가져간 사람은 살았다는 이야기를 들었다. 그 말은 우리 선조들이 소금의 중요성과 필요성을 강조한 생활의 지혜였을 것이다.

그런데 최근 매스컴에 보면 소금을 너무 많이 먹는다는 이야기들로 야단이다. 하지만 나는 소금을 먹어야 한다는 이야기를 하고 싶다. 다만 소금(NaCl)을 먹을 때는 잘 선택해서 먹을 것을 권하고 싶다.

시중에 유통되고 있는 소금의 종류를 보면 암염이나 정제염, 그리고 우리나라 갯벌에서 생산되는 천일염 등이 있다. 천일염도 토판염, 장판염, 타일염 등이 있는데 추천하고 싶은 소금은 토판염이다.

미국에서는 미네랄 성분이 들어 있는 천일염은 없고, 미네랄 성분이 없는 암염이나 정제염뿐이다. 소금을 많이 먹지 말라는 것은 이 미네랄 성분이 없는 암염이나 정제염을 이야기 하는 것이다.

나트륨(Na)과 염소(Cl)로 화학약품 역할만 하는 암염이나 정제염인 NaCl은 우리 몸속에 필요한 미네랄 성분이 많이 들어 있는 천일염과는 다르다. 따라서 미국의 의사들이 소금을 먹지 말라고 하는 것도 당연할 것이다.

우리나라에서 생산되는 소금도 아무것이나 먹기보다 토판염이나 죽염을 권하고 싶다. 타일염은 염전 바닥에 일의 편리성을 도와 타일을 깔은 것이고, 장판염은 장판을 깔은 것인데 비해, 토판염은 조상 대대로 흙을 다져 만든 자연 상태의 염전에서 소금을 생산하는 것이기 때문에 가장 많은 미네랄 성분을 함유하고 있다.

참고로 프랑스에서는 자국의 갯벌염전에서 생산한 소금을 600그램씩 고급스런 병속에 담아 골드 소금이란 이름으로 한 병에 10만원이 넘게 팔고 있다. 그러나 우리나라는 좋은 소금을 가마니에 넣어 싼값에 판매를 하고 있다.

더 중요한 것은 프랑스가 미네랄 성분이 많이 들어 있다고 자랑하는 골드소금보다 우리나라 토판염 속에 훨씬 더 많은 미네랄 성분이 들어 있다는 사실을 우리가 모르고 있다는 것이다. 우리나라의 소금을 우리가 제대로 알지 못해 푸대접 하는 사이, 많은 염전들이 사라지고 그나마 남은 토판염은 일본인들이 와서 전량 헐값으로 사가고 있다.

소금이 부족하면 몸속 세균들이 번식한다

그런데 의사들은 왜 소금을 먹지 말라고 하는 것일까?

미국의 소금은 미네랄 성분이 없는 암염이나 정제염이기 때문에 미국 의사들은 소금을 먹지 말라고 권하고 있다. 그리고 미국 의학의 영향을 받은 한국 의사들 역시 소금을 먹지 말라는 이론에 충실하고 있다.

사람(포유류)은 소금물 속에서 성장한다. 모체(양수의 99퍼센트가 물) 내의 태아는 바로 소금물 속에 떠 있는 것과 같은데 양수는 그 미네랄 조직이 바닷물과 흡사하다고 한다.

인체는 70퍼센트가 물로 구성되어 있고, 체액의 염도는 0.9퍼센트로 이루어져 있다. 따라서 체액의 염도가 0.9퍼센트보다 적게 되면 사람들은 각종 질병에 걸리게 된다. 그래서 질병에 걸려 응급실에 실려 가면 바로 꽂아 주는 것이 링거이고, 이 링거가 바로 0.9%인 식염수이다.

미국 의사 월렉은 자신의 저서 『죽은 의사는 거짓말을 하지 않는다』에서 환자들에게 소금을 먹였더니 환자들이 갖고 있던 병증이 줄어들게 되고, 먹던 약을 끊었다는 임상실험 결과를 발표하기도 하였다.

필자도 암에 걸려 단식원에서 투병생활하면서 단식과 함께 죽염을 지속적으로 먹은 결과, 낫기가 어렵다는 3기말의 구인두암을 완치할 수 있었다. 물론 죽염만을 먹어 결과가 좋아진 것은 아니지만 말이다.

또한 함께 단식원에 있던 많은 환우들도 죽염을 먹으면서 단식원으로 오기 전에 지속적으로 먹던 고혈압, 당뇨, 비염 등의 각종 질병의 약들을 끊어도 아무런 탈이 없고, 오히려 병증이 완화되고 좋아진 것을 직접 체험하고 확인하였다.

인체에 소금이 부족하면 부종이나 각종 염증이 생기고 많은 세균들이 번식한다. 원인은 소금이 방부제 역할을 못해 주기 때문에 생기는 질병들이다.

건강한 몸으로 오래 살려면

소금은 방부제이다. 일반적으로 방부제 역할을 하는 물질이 세 가지가 있다. 그중 첫 번째가 소금이고, 두 번째가 알코올이고, 세 번째가 설탕이다. 어린이들이 자신의 몸에 염분이 적을 때 설탕이 많이 포함된 아이스크림이나 사탕을 찾게 되는데, 그것이 염분 대신 설탕을 섭취하기 위한 본능적인 행동이다.

소금이나 설탕은 부패 방지를 위해 좋은데, 먹지 말라고 하는 이유는 무엇일까? 천일염인 토판염이나 정제하지 않은 원당은 미네랄 성분이 많이 포함되어 영양가가 높아 좋을 수 있다. 하지만 우리가 시중에서 일반적으로 볼 수 있는 정제한 설탕이나 소금은 미네랄을 모두 제거한 것들이라 인체에 좋다고 할 수가 없다. 우리 인체는 소금으로 부패를 방지하는 것이지, 설탕으로 부패를 방지할 수 있는 것이 아니라는 것을 참고로 기억해야 한다.

염도가 부족한 사람들이 알코올을 마시면 인체에서는 알코올을 소금으로 착각하고, 염분이 부족할 때마다 알코올을 찾게 되어 알코올 중독자가 되는 경우가 많다. 이런 알코올 중독자들에게 꾸준하게 천일염인 토판염을 섭취시킨 결과, 많은 사람들이 평정심을 찾기 시작했고 수전증도 사라지는 신기한 일들이 일어났다고 한다.

이젠 고인이 되신 장두석 선생님이 운영하는 단식원에 있는 동안, 암을 이기려면 햇볕을 많이 쬐고 죽염을 수시로 자주 먹길 권했다. 그리고 심지어 과일에도 죽염을 뿌려 먹을 것을 권했다. 주의할 점은, 죽염을 먹은 후 20분 이내에는 물을 마시지 말고 일주일에 하루는 무염 일을 지키라고 가르쳤다. 그리고 비타민 C가 감잎차에 많이 들어 있으니, 다른 차보다 감잎차를 마실 것을 적극 추천했다.

최근에 어린아이들이나 성인들에게까지 많이 나타나는 아토피는 몸속에 염분이 부족해 부패하고 있는 것이라 주장하는 학자도 있다. 우리는 소금을 먹지 말라는 편견에서 벗어나야 한다. 암세포는 동물성 단백질을 좋아한다고 한다. 현대인들은 부드러운 동물성 단백질인 고기를 좋아하다 보니 암환자가 증가하고 있다고 한다.

필자가 현대인들에게 권하고 싶은 것은 양질의 생수와 비타민 C가 많이 함유된 감잎차와 토판염이나 죽염과 햇볕을 즐기길 권하고 싶다. 소금에 절여진 생선이나 염장을 한 장류들은 더운 여름에도 썩지 않는다. 우리 몸에 염증이 많이 생긴다는 것은 몸이 부패가 되고 있다는 뜻일 것이다.

건강한 몸으로 오래 오래 장수하길 바란다면 '맛있는 식탁을 탐하기보다 건강한 식탁' 을 찾는 지혜로움이 필요할 것이다.

Happiness Tip

우리는 소금을 먹지 말라는 편견에서 벗어나야 한다.

최근 이혼을 보면 너무 무자비하다

7. 백년해로

섬섬옥수 고운 손을 힘주어 잡고 검은 머리 파뿌리가 될 때까지 단둘이 백년해로 하자며 웨딩마치를 올렸던 사람들의 이혼이 다반사로 일어나고 있다. 백년해로(百年偕老)는 '영원히 함께 늙어 가면서 사이좋게 살자' 라는 뜻이다.

이상화의 『꽃으로 보는 한국문화』에서는 깨지지 않는 약속 백년해로의 상징으로 소나무 잎을 이야기한다.

소나무는 바늘 형 잎 두 개가 살아서 가지에 붙어있을 때는 물론, 땅에 떨어져 낙엽이 됐을 때도 항상 붙어있어 변치 않는 부부의 사랑이라고 하며 백년해로를 상징한다고 했다.

이에 따라 소나무는 음양수라 부르기도 했으며, 혼례 때엔 병에 꽂아 대례 상을 장식했다. 살아서는 물론 낙엽이 되어서도 고락을 같이하는 소나무처럼 함께 사는 것이 진정한 부부의 백년해로다.

법륜 스님의 『행복 편지』에서 보면, 행복한 결혼생활의 조건이 나온다.

“원하는 사람과 결혼하고 싶은 것은 바라는 것이 많은 마음이기 때문에 오히려 실망할 가능성이 높고, 원치 않는 결혼을 했을 때는 조금만 불만이 생겨도 ‘억지로 결혼해서 이렇게 됐다’고 불평하며 책임을 떠넘기게 된답니다. 이 모든 현상은 결혼에 대한 환상과 기대 때문에 일어나는 것인데, 원하는 결혼을 했을 때는 소원이 성취됐으니 내 바람을 내려놓고 그 사람을 위해 살겠다는 마음을 내고, 원치 않은 결혼을 했을 때는 사랑하지도 않고 결혼을 한 상대에게 미안한 마음을 내보세요. 남녀가 같이 산다는 것이 아무것도 아닙니다. 서로 따뜻하게 해주다 보면 정이 들고, 고맙고, 눈물이 나고 하며 그렇게 살아가는 것입니다.”

최근 이혼을 보면 너무 무자비하다

우리나라의 2012년 혼인과 이혼에 관한 통계를 살펴보면 매년 약 32만 건의 혼인을 하고, 약 11만 건의 이혼을 하고 있다. 혼인과 이혼의 비율이 3대 1인 수준으로 많은 부부들이 이혼을 하고 있다. 그런데 이것은 OECD 회원국 중 이혼율 1위를 차지한다고 한다. 이혼 사유를 보면 성격차이로 이혼하는 부부가 전체 이혼의 47퍼센트로 가장 많았고, 경제문제, 배우자 부정, 가족 간 불화, 학대 등이 뒤를 따른다.

조선시대의 7거지악과 3불출에 대해 정리해 보면,
부인을 내쫓는 이유가 되는 7가지 상황을 일컫는 7거지악은

첫째 시부모에게 순종하지 않고,
둘째 아들을 낳지 못하고,
셋째 음탕하고,
넷째 질투하고,
다섯째 나쁜 병이 있고,
여섯째 말이 많고,
일곱째 도둑질을 하면 내쫓는다는 것이다

또 3가지 내쫓지 못할 경우가 있으니

첫째 보내도 돌아가 의지할 곳이 없거나,
둘째 함께 부모의 3년 상을 치렀거나
셋째 전에 가난하였다가 뒤에 부자가 되었으면
내쫓지 못한다고 하였다.

모든 아내에 칠출 및 의절할 죄상이 없는데도 이를 내쫓는 자는 1년 6월의 도형에 처하고, 비록 칠출을 범하였더라도 삼불거가 있는데도 이를 내쫓는 자는 곤장 100대를 때린 뒤 다시 함께 살게 하였다.(단, 나쁜 병이나 간통죄는 이것을 적용하지 아니하였다.)

남녀가 유별하고 반상이 존재하던 조선시대조차 7거지악에 속할지라도 이혼할 때면 이혼 후 갈 곳이 있는지 없는지를 보고, 부모에게 효도한 것을 보고, 집안의 삶을 위해 노력한 것들을 다 인정했던 것에 비해, 최근 이혼을 보면 너무 무자비하지 않은가 싶다.

황혼이혼이란 말이 일상화되고 간통죄까지 폐지되고 있는 요즘, 우리가 다시 한 번 백년해로에 대해 음미해 볼 필요가 있지 않은가 싶다.

Happiness Tip

백년해로(百年偕老)는
'영원히 함께 늙어 가면서 사이좋게 살자' 라는 뜻이다.
이 약속만 잘 지켜도 행복한 삶을 얻을 수 있다.

엄마의 얼굴 흉터에 새겨진 아픈 사연

따뜻한 한 마디의 말과 스킨십이 필요한 지금

8. 내일도 행복해지려면 지금 이 순간부터 행복하자

모래처럼 많은 사람들이 창밖으로 지나간다. 지나가는 사람들마다 표정이 제각각이다. 어떤 사람들은 웃으면서 지나가고, 어떤 사람들은 무표정하게 바삐 지나가고, 또 어떤 사람들은 그 자리에 멈춰서 있고, 또 어떤 사람은 청소를 한다.

미소 짓고 있는 사람이나, 무표정하게 바삐 지나가는 사람이나, 멈춰 서 있는 사람이나, 청소를 하는 사람 모두 각기 사연을 가지고 있을 것이다.

환한 미소를 짓고 있는 포스터 여주인공이나 마디마디 굵어진 청소부 아저씨 손에는 우리가 모를 어떤 사연이 숨어 있을 것이다.

우리는 보이는 것만으로 판단하면서 살고 있지는 않았는가?

당신은 당신을 길러준 부모님께서 어떤 고생을 했는지를 아는가?

"난 엄마가 없었으면 좋겠어. 그러니 차라리 다른 데로 가 버려! 아무도 보이지 않는 곳으로!"

초등학교에 다니는 민수가 엄마를 향해 울먹이면서 하는 이야기다. 민수 엄마의 얼굴은 이목구비를 알아볼 수 없을 정도로 흉측하게 일그러져 괴물처럼 보였다. 그런 모습을 하고 있는 민수 엄마를 만나면 마을의 형들이 입에 담지 못할 욕을 하면서 돌팔매질까지 하곤 한다.

오늘도 어린 민수가 괴물 자식이라며 놀림을 당하고 집에 들어와 엄마에게 해대는 소리였다. 그 이야기를 들은 엄마는 못들은 척 하고 그냥 아무 말 없이 자리를 피하는데, 옆에 있던 외삼촌이 민수를 끌어당기면서 야단을 친다.

"이놈 자식아! 너 그게 무슨 말 버릇이야! 그게 엄마한테 할 소리야. 빨리 엄마한테 가서 잘못했다고 빌어. 그렇지 않으면 삼촌한테 야단맞을 테니까."

민수는 늘 엄마 편만 드는 외삼촌이 싫다며 엉엉 울기 시작한다. 외삼촌은 울고 있는 민수를 한참동안 꼭 안아 주기만 할 뿐이다. 하루는 삼촌이 민수를 부르더니 예쁜 아줌마 사진 한 장을 내놓는다. 그리고 민수에게 묻는다.

"이 아주머니 얼굴이 예쁘지?"

민수는 늘 삼촌이 지갑 속에 넣고 다니는 예쁜 아주머니 사진을 보면서 저렇게 연예인처럼 예쁜 아주머니가 엄마였으면 좋겠다는 생각을 하며 한 마디 한다.

"그 아주머니가 우리 엄마였으면 좋겠어."

엄마의 얼굴 흉터에 새겨진 아픈 사연

민수의 말을 듣고 물끄러미 사진을 바라보던 삼촌이 다시 입을 연다.

민수야, 옛날이야기 하나 해 줄까? 옛날 어느 마을에 갓 결혼한 신랑신부가 행복하게 살고 있었단다. 그러던 어느 여름 날, 신랑신부가 물가에서 산책을 하는데 마을 어린이들이 물장구를 치고 놀다 물에 빠져 허우적대는 것을 발견했단다. 그것을 발견한 신랑은 곧바로 물속에 뛰어들어 다행히 그 아이들은 모두 구했으나 신랑은 물가에 지쳐 쓰러져 죽게 되었단다.

그때 그 신부의 뱃속에는 어린 아기가 자라고 있었는데, 그것을 본 마을 사람들은 혼자서 어떻게 아이를 키울 수 있겠느냐며 새 출발을 하려면 아기를 유산하라고 종용을 했단다. 그러나 그 신부는 하느님이 주신 우리 아기의 새 생명을 어떻게 그리 할 수 있느냐며 혼자서라도 키우겠다고 아기를 낳았단다.

그렇게 신랑이 죽고 아기가 태어나자 생활은 점점 더 어려워져 살 길이 막막해졌단다. 그러자 마을 사람들은 우리 마을 어린이들의 목숨을 구하고 목숨을 잃은 의인 집안을 그냥 모른 척 해서는 안 된다면서 새 신부인 아기 엄마에게 공사장 식당에서 밥 짓는 일을 할 수 있게 주선해 주었단다.

마을 사람들의 주선으로 일자리를 얻게 된 아기 엄마는 슬픔 속에서도 그 아기를 금이야 옥이야 하며 온갖 정성을 다해 키웠지. 그런데 아기 엄마가 일을 하는 동안에 아기는 점점 자라게 되어 하루 종일 아기를 등에 업고 일을 할 수도 맡길 곳도 없게 되자, 아기를 공사장 식당 방에 재우고 주방에서 일을 하게 되었단다.

엄마는 그렇게 어려움 속에서도 아기를 키우는 재미에 힘든 것도 모르고, 아기만을 바라보면서 열심히 일을 했단다.

그러던 어느 날, 엄마가 인부들의 점심을 준비하려고 채소를 뜯으러 식당 밖으로 나온 사이 식당에 불이 난 거야. 더구나 그 식당은 화재에 약한 스티로폼과 나무로 지은 식당이라 불길이 워낙 심해 아무도 불타는 식당으로 들어 갈 수 없는 상황이었지.

아기가 식당 안에 있다고 해도 마을 사람들은 발만 동동 구를 뿐 누구도 들어가지 못하고 있었단다. 그런데 야채를 뜯어 오던 아기 엄마는 우리 아기가 저 방에 있다면서 마을 사람들의 만류를 뿌리치고 망설임 없이 불길 속에 뛰어 들어단다.

사람들의 걱정과 아우성 속에 잠시 후 불길 속에서 아기를 안고 아기 엄마가 튀어 나왔지만 엄마는 얼굴에 크게 화상을 입고 그 자리에 쓰러진 것이지.

뒤에 알려진 이야기지만 그 불길 속에 들어가 아기를 찾아 온 몸으로 아기를 감싸고 나오는데 아기 엄마 앞으로 불기둥이 떨어졌던 거야. 아기 엄마는 손으로 밀치면 불똥이 아기에게 떨어질까 봐, 그 불기둥을 손으로 밀치지 않고 얼굴로 불기둥을 밀어 내는 바람에 얼굴에 큰 화상을 입게 되었다는 거야. 그 때문에 아기는 한 점의 화상도 없이 깨끗한 모습으로 살아났지만 아기 엄마의 얼굴은 영원히 회복될 수 없게 된 것이지.

따뜻한 한 마디의 말과 스킨십이 필요한 지금

이야기를 하던 외삼촌은 한참동안 말없이 눈물을 흘리며 말을 잇는다.

"민수야, 그때 그 아기 엄마가 누군 줄 아니? 그 아기 엄마가 너의 엄마고 그 아기가 너란다. 너를 구하느라 너의 엄마 얼굴이 저렇게 된 거지."

외삼촌은 다시 말을 잇는다.

"너희 엄마는 네가 상처 받을까봐 절대 너에게 이야기 하지 말라고 말씀하셨어. 그랬기에 이야기를 하지 않으려 했지만, 네가 너무 철없이 굴어 이야기하는 거란다."

"그리고 네가 너의 엄마였으면 하는 이 사진 속의 얼굴이 너의 엄마의 본래의 얼굴이란다."

민수의 얼굴에는 눈물이 흐른다.

우리들 엄마의 가슴에는 민수 엄마의 얼굴에 새겨진 흉터처럼 굵고 아프고 아름다운 사연이 숨겨 있다는 것을 우리는 왜 잊고 사는가?

내일의 희망으로만 살아오신 당신들의 상처를 덮어줄 수 있는 따뜻한 한 마디의 말과 스킨십이 필요한 지금이다. 내일의 희망으로 살아가는 우리나, 내일의 희망을 가지고 살아오신 당신들을 위해서……. 행복이란 희망을 지니는 자의 것이다. 인간 최대의 행복은 희망을 갖는다는 것을 잊지 말고 오늘 지금에 충실하자. 가끔씩 당신들의 마디 굵은 손을 잡아 주면서…….

Happiness Tip

많은 사람들은 내일이면 나도 행복해질 수 있을 것이라고 믿는다.
그러나 행복에는 내일도 어제도 없다.
그리고 행복은 미래와 과거를 기억하지 않는다.
다만 현재만 있을 뿐이다.
그것도 오늘이 아니라, 지금 순간인 것이다.

PART Ⅵ

행복을 만드는 지혜

역경이 삶의 문을 두드릴 때

1. 당근, 달걀, 커피 같은 사람

세상을 살아가는 사람들을 보면 100인 100색이다. 어떤 사람은 정말 힘들게 어두운 터널을 지나 모든 어려움을 다 극복하고 성공담을 이야기하는 사람이 있는가 하면, 어떤 사람은 행복의 조건을 다른 사람에 비해 월등히 많이 가지고 있으면서도 순간순간에 생기는 어려움조차 극복하지 못하고 삶을 마감하는 사람도 있다.

시집간 딸 민정이가 친정 엄마에게 시집살이가 힘들다며 이야기를 시작한다.

"엄마! 사는 게 너무 힘들어서 이제 그만 모든 것을 다 내려놓고 싶어."

엄마는 귀하디귀한 딸의 엄청난 이야기에 가슴이 철렁한다.

엄마는 어린 딸을 가슴으로 꼭 안아 주면서 이렇게 다독였다.

"사는 것이 많이 힘들구나. 그래 힘들면 다 내려놓고 잠시 쉬었다 가렴. 힘든 짐은 엄마에게 기대어 덜어 놓기도 하구."

말없는 딸은 한참을 엄마 가슴에 얼굴을 묻고 말없이 눈물만 흘린다. 한동안 민정이의 등을 다독이던 엄마는 민정이를 데리고 부엌으로 간다. 그리고 냄비 세 개에 물을 채우고 첫 번째 냄비에는 무를 넣고, 두 번째 냄비에는 달걀을 넣고, 세 번째 냄비에는 커피를 넣고 끓이기 시작한다.

역경이 삶의 문을 두드릴 때

냄비 속의 물이 끓을 때까지 아무런 말도 없이 민정이의 머리를 매만지며 민정이를 끌어 안고 있던 엄마의 볼에도 눈물이 흐른다. 냄비의 물이 끓자 민정 엄마는 불을 끄고 냄비 속의 무를 꺼내 만져 보라고 한다. 민정이는 영문도 모르고 잘 익은 무를 조심스럽게 만지면서 부드럽고 물컹물컹하다고 느낌을 이야기한다. 그러자 엄마는 달걀을 꺼내더니 달걀 껍데기를 벗기면서 이야기를 한다.

"민정아! 이 달걀은 날 것일 때는 액체였지만, 끓는 물속에서는 이렇게 단단하게 변했지? 그리고 이 커피 향내를 맡아 보렴."

커피 향을 맡으면서 한 모금 마시는 딸을 바라보면서 엄마는 이야기를 계속한다.

"무와 달걀과 커피가 끓는 물속의 역경에서 어떻게 변했지? 무, 달걀, 커피, 세 물질은 모양이나 형태가 전부 다 다르다 보니까 다 다르게 반응했지? 강하고 단단했던 무는 끓는 물과 만난 다음에 부드러워졌고, 약하고 껍질이 너무 얇아서 그 안에 들어 있는 액체를 보호하지 못했던 달걀은 끓는 물을 견디면서 껍질 속의 액체를 단단한 고체로 바꾸었지. 그리고 아무것도 할 수 없을 것 같던 가루 커피는 끓는 물속에 들어가 자신과 물이 하나가 되면서 물 자체를 변화시켜 버렸지."

잠시 숨을 돌리던 엄마는 민정에게 묻는다.

"민정아! 너는 힘든 일이나 역경이 네 문을 두드릴 때 어떻게 반응하니? 무? 달걀? 커피?"

"세상살이가 힘들면 조금은 네가 너를 객관적 입장에서 바라보렴. 한 발짝 물러나서……. 그리고 네가 너의 관찰자가 되어 너에게 이야기 해 보렴. '민정이가 힘이 드는구나, 그래서 울고 싶은 거구나' 하고 말이야. '민정아! 힘들면 쉬었다 가렴' 이렇게도 말해보고 말이야. 그리고 진정 너의 색깔은 무엇이고 너의 정체성은 무엇인지를 찾아보렴. 그리고 너만의 세상 적응 방법을 터득하렴."

이야기를 하고 있는 엄마의 볼에는 아직도 눈물이 흐르고 있었다.
이 사연은 지인이 내게 보내준 이야기를 각색한 것이다.

Happiness Tip

세상살이가 힘들면 한 발자국 물러나서
자신을 객관적 입장에서 바라보는 삶의 지혜가 필요하다.

2. 나에게 소중한 것

어린 서영이는 엄마를 일찍 여의고 아빠와 함께 행복하게 살고 있었다. 그러던 어느 날, 아빠가 공사장에서 일을 하다가 눈을 다쳐 앞을 볼 수가 없게 되어 어린 딸과의 생활이 힘들게 되었다. 앞을 못 보는 아빠는 어린 딸의 장래를 위해서라도 딸아이와 함께 살아서는 안 되겠다는 생각을 하고 고아원에 맡기기로 하였다.

"아빠, 나 아빠랑 살래, 나 버리지 마, 아빠 미워. 아빠 미워, 나 안 가고 여기서 아빠와 살래 아~ 앙~."

고아원에 가던 날, 어린 딸 서영이는 막무가내로 소리치며 울면서 아빠에게서 떨어지지 않겠다고 발버둥 친다. 아빠는 눈물을 흘리며 딸아이를 다시 꼭 안아 준다.

"내 딸 서영아, 미안하다. 아빠가 앞을 볼 수가 없어 너를 키울 수가 없구나. 미안하다. 행복해야한다. 친구들과 잘 지내고, 서영아 사랑한다."

서영이를 데리러 온 고아원에서 서영이를 떼어내자, 서영이를 다시 안아보려 허공에 손을 내젓는 아빠의 두 눈에서는 굵은 눈물방울이 두 볼을 타고 계속 흘러내린다. 아빠는 "미안하다 용서해라"는 말만 되풀이 하며 눈물을 흘린다. 서영이는 울면서 마구 소리친다.

"나 여기 싫어, 아빠와 함께 갈래, 아빠 나도 데리고 가!"

서영이의 악을 쓰며 외치는 목소리는 간절함을 담은 절규다. 아빠는 목이 메어 발길을 옮기지 못한다.

10원짜리의 숨겨진 가치

서영이는 고아원에 와서는 웃음도 사라지고 말도 없어졌다. 하루는 고아원에서 세상에 소중한 것에 대해 배우면서 돈을 주제로 수업을 했다.

"오늘 수업의 주제는 돈이란다. 돈은 우리가 살아가는 데 무척 소중하고 돈이 없으면 아무것도 할 수 없단다."

선생님께서는 이렇게 말씀하시면서 10원, 50원, 100원, 500원 짜리 동전을 보여 주며 제일 큰돈이 무엇일까 하고 모두에게 물었다. 모든 원생들은 하나같이 500원짜리가 가장 큰 돈이고 소중하다고 대답을 한다.

그러나 다른 원생과 달리 서영은 아무 말 없이 고개를 숙이고 수업에 참여를 하지 않자, 선생님이 서영이 앞에 가서 직접 물었다.

"서영이는 이 돈 중에 어느 것이 가장 소중하지?"

서영이는 그래도 말이 없다가 계속 묻는 선생님 말씀에 말없이 10원짜리를 가리킨다. 선생님은 서영이에게 "10원짜리는 아이스크림을 1개밖에 못 사지만, 500원짜리는 50개를 살 수 있는 큰돈이니까 500원짜리가 더 소중한 거야. 알겠니? 자! 서영이가 다시 맞춰볼까? 어느 돈이 제일 소중하지?"하고 거듭 묻는다.

서영이는 아무런 말없이 다시 10원짜리를 가리킨다. 선생님은 다시 "서영아! 큰돈이 더 소중한 거야" 하면서 큰돈의 가치를 다시 설명하고 다시 물었으나 답은 마찬가지였다. 선생님이 언성을 높이며 다시 말씀하신다.

"너는 왜 선생님이 가르치는 말을 듣지 않고 네 마음대로 하는 거니?"

그러면서 선생님은 다시 물었다.

"어느 것이 가장 소중하지?"

겁먹은 두 눈에 눈물이 가득 고인 눈으로 선생님을 보던 서영이는 간신히 이렇게 대답했다.

"선생님, 그래도 저는 이 돈이 제일 소중해요. 이 돈은 아빠에게 전화를 걸 수가 있는데, 저 500원짜리로는 전화를 걸 수가 없어요."

말을 마친 서영이는 울음을 터뜨린다. 선생님은 말없이 서영을 와락 끌어안고는 이렇게 울먹이며 말씀하신다.

"미안하다. 그래, 선생님도 10원짜리가 소중할 때가 많단다. 미안하다……."

선생님의 눈에서도 눈물이 흐르고 있었다. 내면에 숨겨진 가치를 보지 못하고, 표면적으로 보이는 물질적 가치에만 기준을 두고 있는 우리들이 깊이 생각해 볼일이 아닐까 싶다.

이 사연은 지인이 보낸 이야기를 각색한 것이다.

Happiness Tip

인생을 살아갈 때에는 표면적으로 보이는 물질적 가치보다
내면에 숨겨진 가치가 더 소중할 때가 많다.

'기절 박사님' 이라는 별명을 얻다

내가 가장 좋아하는 일을 찾아라

3. 하나에 집중하라

"기철씨! 이번이 마지막이니까 면접 잘 보고 와요. 이번에 떨어지면 당신하고 이혼할 거니까 알아서 해요."

걱정 어린 마누라의 목소리다. 기철은 사람은 착하지만 노는 것을 좋아해 집안일을 등한히 하다 보니 가장으로 책임을 다하지 못했다. 몇 년째 돈 한 푼 벌어오지 못하는 무능한 남편으로 낙인이 찍혀 집안에서 가장으로서의 대접은 말이 아니었다.

기철은 공무원 연수원에서 버스 운전기사를 1명 뽑는다는 공고를 보고 응모를 한 것이었다. IMF 뒤끝이라 경기가 좋지 않아서인지 보통 때보다 많은 사람이 서류를 접수했다. 다행히도 기철은 서류 전형 후 면접을 보러 오라는 연락을 받았다. 면접을 보기위해 면접 장소로 출발하려는 순간 마누라가 걱정스러워 한 마디 했던 것이다.

경쟁률이 치열하다는 소리에 많이 긴장을 하고 면접을 봤는데 당당히 합격을 했다.

어렵게 합격한 만큼 설렘과 기대는 더욱 컸다. 큰 기대와 설렘으로 처음 버스를 몰고 사람들을 태워 연수원에 내려 주고 버스에서 내릴 때의 기분은 스스로가 너무 대견했으며 자랑스러웠다. 어깨에 힘을 주고 이곳저곳을 기웃거리며 연수원을 구경하는데, 다른 기사들이 부르며 그늘에 앉아 고스톱이나 한 판 치자며 부추긴다.

기철은 놀만큼 여유가 있는 것도 아니고 해서 동료들의 부추김을 거절하고 연수원의 이곳저곳을 돌아보았다. 매일 많은 사람들이 이곳에 몰려 와서 무슨 일을 하는지 궁금했다. 연수원 내의 건물을 돌아보던 중 강당 문이 열려 있는 것이 보였다.

기철은 호기심이 발동하여 내부를 들여다보았다. 그랬더니 버스에 타고 온 사람들이 자리에 앉아 있었고, 단상에는 교수인 듯한 사람이 강의를 하고 있었다. 강당 뒷자리에는 몇몇의 빈자리가 보였다.

기철은 특별히 할 일도 없고 강당에 앉아 있는 사람들은 무슨 강의를 그렇게 열심히 듣는지 궁금해졌다. 그래서 살며시 강당 내부의 빈자리에 앉아 강의를 듣기 시작했다.

'기철 박사님'이라는 별명을 얻다

기철이 강의를 듣다 보니 재미있을 때도 있고 지루할 때도 있었다. 그러나 들으면 들을수록 자신이 잘못 살았다는 생각을 하게 되었다. 때론 눈물을 흘리기도 하고 때론 폭소를 자아내며 시간 내내 웃기도 하였다. 그러다가도 새롭게 삶을 시작하겠다는 생각이 들면서 무엇인가 새로운 희망이 보이는 것 같았다.

기철은 강당에 앉아 들은 강의 내용을 동료들에게 전해 주면서 함께 강의를 들을 것을 권유하였다. 동료들은 기철의 이야기를 재미있게 들으면서도 강의를 직접 듣기보다 기철이 듣고 와서 이야기를 해주길 기대하였다. 그리고 간간히 강의 내용을 묻기도 하였다.

기철은 재미있는 이야기들을 동료들에게 들려줄 요량으로 메모까지 해가며 본격적으로 강의를 듣기 시작하였다. 이후 주위 사람들에게 강의 내용을 본격적으로 전해주기 시작했고, 그 소문이 연수원 내에 쫙 퍼져나갔다.

그도 그럴 것이 연수원에서 유명 강사들이 강의를 할 때마다, 기철이 들으면서 재미있는 내용만 따로 모아 주위의 사람들에게 들려주다 보니 그 소문이 퍼진 것이다. 심지어 유명 강사보다 더 강의를 잘한다고 소문이 나게 된 것이다. 그렇게 4년여의 세월이 흘러 이제는 '기철 박사님' 이라는 별명까지 생기면서 점심시간만 되면 으레 기철 옆자리에 앉아 강의를 들으려 모여들기까지 하였다.

그러던 어느 날 자주 오던 전문 강사가 갑자기 연락도 없이 나오지 않게 되자, 연수원에서는 난리가 났다. 사전에 연락이라도 있었으면 다른 사람으로라도 대체를 시켰을 텐데, 시간을 정확하게 잘 지키던 강사라 사전 대비가 전혀 없어 난감하기가 이를 데 없었다.

그날따라 연수원의 직원들조차 출장을 가 대체할 강사가 없었다. 연수 담당자로서는 이만 저만 난감한 일이 아니었다.

연수담당자는 어쩔 줄 몰라 허둥대면서도 '기철 박사' 를 생각했다.

"기철 박사, 그래 맞아. 기철 박사님은 가능할 거야."

연수 담당자는 전에 '기철 박사'의 이야기를 직접 들어 본 경험이 있었다. '기철 박사'는 재담이 있어 강사들의 이야기를 잘 전하며 사람을 매료 시키는 아주 뛰어난 재능이 있는 것을 알고 있었던 것이다. 다른 강사를 수소문 하는 동안 '기철 박사'에게 일단 강의를 맡기기로 하고 기철 박사를 불러 부탁을 하였다. 기철은 손사래를 치며 한사코 거절하다가 연수원의 딱한 사정 이야기를 듣고 강의를 대신 하기로 하였다.

내가 가장 좋아하는 일을 찾아라

떨리는 맘으로 강단에 오른 기철은 유명강사들 중에서 수강생을 압도하던 강사의 표정을 떠올렸다. 그리고 그 강사의 표정과 가장 재미있게 이야기하던 강사들의 이야기를 골라 이야기를 풀어내기 시작하였다. 그러자 수강생들이 강의에 매료되어 넋을 놓고 강의를 듣는 것이 아닌가.

수강생들의 표정을 본 기철은 더욱 힘을 내게 되었다. 신바람이 난 강의는 수강생들을 충분히 만족시킬 수가 있었다. 세 시간의 강의가 끝나자 '땜빵 강사'라는 것을 아는 수강생은 단 한 사람도 없었다. 그리고 마지막 설문에 최고의 강사로 '기철 박사'가 뽑히게 되었다.

강의를 듣고 연수원을 떠나는 수강생들은 다음 기수 수강생들에게 '기철 박사' 강의가 가장 재미있으니, 그 시간만은 꼭 놓치지 말고 잘 들으라는 이야기까지 전할 정도였다. 또 그 이야기는 연수원까지 전해지게 되었다.

이 사건을 계기로 '기철 박사'는 연수원 최고의 강사가 되었다. 그리고 여기저기 소문이 나서 이곳저곳으로 불려 다니는 전문 스타강사로 변신하였다. 이 기철 씨의 사연은 자신의 적성에 맡지 않는 운전기사에 만족하지 않고, 자신의 적성에 맡는 일을 찾아 성공한 케이스라 할 수 있다.

자신의 적성에 맞지 않는 직업이라고 한탄만 하지 말고, 언제든 최선을 다해 노력하는 모습이 나를 만드는 일이 아닐까? 내가 진정 좋아하는 일은 무엇일까?

Happiness Tip

자신의 적성에 맞지 않는 직업이라고 한탄만 하지 말고,
언제든 최선을 다해 노력하다 보면
자신의 마음에 드는 멋진 모습으로 변해 있을 것이다.

"회장님과 약속을 하셨나요?"

회장님 댁 강아지와의 인연

'Made in Korea'의 상표를 달고

4. 지성이면 감천

"컬러텔레비전 사세요! 값싸고 품질 좋은 컬러텔레비전 사세요!"

조그마한 한국인의 외침이 미국의 빈민가에서 울려 퍼지는데, 그 누구도 거들떠보는 사람은 없었다. 하지만 이 젊은 청년의 외침에는 강한 패기가 들어 있었다.

현재 우리나라 굴지의 기업 전신이었던 K회사에서는 컬러텔레비전의 개발을 성공리에 끝내고, 국내에서 판매를 시작하였다. 몇 년 전부터 일본에서 컬러텔레비전 방송을 실시하고 있었기 때문에, 우리 대한민국에서도 곧 컬러텔레비전 방송이 있을 것으로 예상하고 생산한 것이었다.

그런데 당시의 한국 국민의 경제 수준으로는 무리였다. 국내 시장의 판로가 열리지 않는 상황이다 보니, 이제는 해외 시장이라도 개척하지 않으면 공장의 문을 닫아야 할 형편이었다.

따라서 L회사는 해외 시장에 회사의 사활을 걸어야 하는 상황에

직면하게 된 것이다. 그러나 해외 시장은 당시의 우리나라 국가 수준으로는 만만한 현실은 아니었다. 그 당시 상표에 'Made in Korea'를 써 붙이고서 미국에서 상품을 판매 한다는 것은, 오늘날 아프가니스탄의 상표를 달고 우리나라에서 TV를 파는 것과 다를 바 없기 때문이다.

당시 미국에서 Korea의 이미지는 전쟁과 파괴와 기생파티 정도로 알려져 있었다. 그리고 지금 우리가 이름도 들어보지 못한 아프리카의 어느 이름 모를 나라 정도로밖에는 인정해 주지 않았다. 그런데 첨단기술로 만들어진 컬러텔레비전에 우리의 상표를 붙이고, 판매를 하겠다는 것은 당시 상황으로는 무리였다.

그러나 내수 판매도 할 수 없으면서 생산을 시작했으니 당연히 해외 시장을 개척하지 않으면 회사가 망할 수밖에 없는 상황이었다. 결국 회사에서 고심 끝에 내린 결론은, 미국 현지에 법인을 차리고 회사에서 가장 능력 있는 사람을 선발하여 미국 현지 본부장으로 보내서 판로를 개척하도록 하는 것이었다. 당시에 미국 현지 본부장으로 선발된 사람이 현 L그룹의 총수인 G본부장이었다.

"회장님과 약속을 하셨나요?"

그래서 미국으로 오게 된 G본부장은 회사를 살리기 위해 필사적으로 미국 전역을 열심히 뛰어 다녔다. 그렇지만 판매의 실적이 나아지지는 않았고, 계속해서 부진의 연속이었다.

맹목적으로 열심히 뛰어다니기만 했던 G본부장은 문제의 원인을 찾기 시작하였다. 그리고 처음부터 다시 시작하는 마음으로 미국이라는 사회를 연구하는데 매진했다. 그 결과 미국은 유통망이 잘 발달되어 있어서, 물건을 판매하려면 그 유통망을 활용하는 방법밖에 없다는 사실을 알게 되었다.

그리하여 G본부장이 미국에서 제일 큰 유통업체가 어디인지 조사해본 결과, W체인점이라는 것을 알아냈다. 무조건 W체인점의 대표를 만나 목을 매든, 사정을 하든 담판을 지어야겠다는 생각으로 G본부장은 W체인점의 회장실을 찾아갔다. 회장을 직접 만나 L회사의 컬러텔레비전을 그 자리에서 틀어 주고 가격 경쟁력에 대해서 이야기하면, 가능성이 있을 것이라고 생각했던 것이다.

G본부장은 긴장한 채 한껏 숨을 들이쉬면서 '똑똑' 하고 회장실의 문에 노크를 했다.

"누구세요?"

회장실 비서 아가씨의 상냥한 목소리가 들려왔다.

"네, 저는 대한민국 L회사의 미국현지 본부장 ○○○입니다. 회장님을 만나러 왔습니다."

"회장님과 약속을 하셨나요?"

"아니오, 약속은 하지 않았습니다."

"그럼, 다음에 찾아오세요. 회장님은 선약이 있으셔야 만나실 수 있습니다."

"그렇다면, 이 명함을 드릴 테니까 약속을 해주십시오. 부탁합니다."

G본부장은 비서실에 명함만을 전달하고 그냥 돌아왔다. 그리고 다음날 G본부장은 커다란 컬러텔레비전을 등에 지고 다시 회장실을 찾아갔다. 다시 회장실 문에다 대고 '똑똑' 노크를 했다.

"네, 들어오세요."

"네, 안녕하세요. 어제 방문했던 대한민국 L회사의 미국 현지본부장입니다. 회장님과 약속이 되었겠지요?"

"아닙니다. 다음에 오십시오."

인형처럼 예쁜 백인 아가씨의 싸늘한 말투에는 한마디로 '어서 나가'란 눈치였고, 잡상인쯤으로 대우하는 빛이 역력했다. 그래도 대한민국에서는 최고의 기업으로, 그 기업을 대표하여 찾아 왔는데 이런 대우를 하다니…….

G본부장은 어떻게 하든 회장님을 만나 컬러텔레비전을 팔지 않으면 L이라는 회사는 살 수 없다는 것을 잘 알고 있었다. 그랬기에 G본부장은 이를 악물고 다음을 약속하며 오늘도 그대로 갈 수 밖에 없었다.

“네, 회장님께서 바쁘신가 봅니다. 여기에 다시 명함을 놓고 갈 테니 꼭 좀 전해 주시기 바랍니다. 부탁합니다.”

그리고 G본부장은 또다시 다음날 찾아갔다. 여전히 비서실의 태도는 냉담했고, 약속은 되어 있지 않아서 회장님을 만날 수 없었다. G본부장은 그래도 굽히지 않고 다음날도, 그 다음날도 계속해서 찾아갔다. 그렇게 하루도 쉬지 않고 찾아다니길 보름 정도 하였는데도, 회장은 만나 주지를 않았다. 예로부터 지성이면 감천이라 했는데…….

회장님 댁 강아지와의 인연

G본부장은 가슴이 답답했다. 보름이 지나도록 컬러텔레비전을 팔기는커녕 만나야 할 사람조차 한 번도 만나지 못하고 있으니 미칠 노릇이었다. G본부장은 방법을 달리하여, 이제는 회장님 댁으로 직접 찾아가서 만나야겠다고 생각하였다. 비서실에서 어렵게 주소를 알아내어 집으로 찾아갔다.

딩동~ 딩동~.

“누구세요?”

“네, 저는 대한민국 L 회사의 미국현지 본부장 ○○○입니다. 회장님을 만나러 왔습니다.”

"약속을 하셨나요?"

이곳에서도 약속 타령이다.

"아니오, 약속은 하지 않았습니다만, 꼭 좀 만나 뵐 일이 있습니다."

"그럼 대문에 명함을 꽂아놓고 가세요."

그러길 다시 열흘이 지났다. 본국에서는 판매 실적이 여전히 부진한 것에 대해서 계속 독촉이 오고 있었다. 게다가 체인점의 회장은 한 달이 다 가도록 만날 수조차 없으니 난감할 수밖에 없었다.

다음날 G본부장은 회장님이 출근하기 전에 자동차가 나오는 문 앞에서 지키고 서 있을 결심으로 새벽부터 서둘러서 회장님 집에 도착했다. 그러나 부지런한 회장은 벌써 출근해 버렸고, 그날따라 회장 집에서 키우는 개들만이 담장에 들러붙어서 사납게 짖어대고 있었다.

집터가 길보다 높아서 아래를 내려다보며 짖어대는 개들은 위협적이기까지 했다. 하는 수없이 다시 돌아서 집으로 향하는데, 갑자기 강아지 한 마리가 이리 저리 날뛰며 짖어 대다가 위에서 아래쪽으로 떨어졌다.

그때 길을 지나가던 자동차에 강아지가 치는 사고가 발생했다. 길바닥에는 회장댁의 강아지가 피를 흘리며 가쁜 숨만을 몰아쉬고 있었다. 강아지를 친 차는 뒤도 보지 않고 그대로 뺑소니를 치고 가버렸다. 워낙 순간적으로 벌어진 일이라 멍하니 바라보던 G본부장은 피를 흘리는 강아지를 가슴에 안고, 가장 가까운 가축병원으로 달렸다.

"원장님, 괜찮겠습니까?"

"글쎄요, 검사를 해 봐야 할 것 같습니다."

"꼭 부탁드립니다. 저에게는 너무도 중요합니다. 다시 한 번 꼭 부탁드립니다."

의사는 수술을 끝마치고 나오면서, 다행히도 위험한 상태는 아닌 것 같으니, 병원에 입원시키고 며칠간 기다리라고 했다. 천만다행이었다. G본부장은 안도의 한숨을 내쉬었다. 피를 흘리는 강아지를 안고 정신없이 뛸 때는 몰랐지만, 이상하게 이 강아지가 잘못 되기라도 하면 자신의 일도 잘 안 풀릴 것 같은 불안감에 무사하길 더욱 간절히 빌었다. 다행히 무사하다니 진심으로 기뻤고 안도의 한숨을 쉬었다.

"감사합니다. 치료가 끝나면 이곳으로 연락을 해주십시오. 강아지 집주인 댁입니다. 그리고 다른 문제가 생기면 이곳으로 연락을 주세요. 이것은 제 명함입니다."

그리고는 치료비와 뺑소니 차량번호까지 건네주고 집으로 돌아왔다. 미국인들은 그들이 키우는 애완견을 가족의 일원으로 생각하며 자식처럼 아끼고 사랑하는데, 사고를 당한 강아지는 회장님이 가장 아끼는 강아지였다는 사실을 뒤늦게 들었다.

'Made in Korea'의 상표를 달고

W체인점의 회장을 만날 수 있는 방법을 다시 생각하고 있을 때쯤에 전화벨이 울렸다.

따르릉, 따르릉~

"여보세요. 여기 W체인점의 회장님 비서실인데요. G본부장님과 통화할 수 있을까요?"

"네, 접니다."

보름이 넘게 들락거렸던 비서실의 차가운 아가씨의 목소리였다.

"회장님께서 G본부장님을 만나 뵙고 싶다고 하시는데, 언제쯤 시간이 좋으십니까?"

이 얼마나 기다리고 듣고 싶었던 이야기인가! G본부장은 뛸 듯이 기뻤다. 겨우 마음을 억누르고 시간 약속을 정하였다.

"안녕하십니까? 저는 대한민국 L회사의 미국 현지 본부장 ○○○입니다."

"감사합니다. G본부장님이 아니셨다면 우리 강아지를 다시 볼 수 없었을 겁니다. 진심으로 감사드립니다. 본부장님을 오늘 처음 만났지만, 사실은 그동안 회사와 집으로 계속 찾아오시는 것을 알고 있었습니다. 처음 몇 번 오시다가 그만 두실 줄 알았더니 끈기 있게 계속 오시는 모습을 보고, 내심 언제까지 찾아오시나 기다리고 있었습니다. 본부장님처럼 이렇게 끈기 있으신 분은 처음입니다. 대부분 두세 번 찾아와 만나주지 않으면 그만 두고 마는데, 본부장님의 지성에 감탄했습니다."

"우리 집 강아지 일로 인해 만나게 되어 제가 큰 실례를 한 듯합니다. 먼저 본부장님께서 날 만나려 했던 이유가 무엇인지 들어 봅시다."

그 일 이후로 L회사는 W회사의 체인점을 통하여 예상보다도 훨씬 많은 판매량을 올릴 수 있었다. 특히 한국 역사상 최초로 'Made in Korea'의 상표를 달고, 첨단 기술의 총체인 전자제품을 미국 시장에 판매할 수 있는 판로를 개척한 것이다.

지금은 미국, 일본, 러시아, 중국 등 세계의 어느 곳을 가더라도 우리 대한민국의 기업 간판이 자랑스럽게 우뚝 솟아 있는 모습을 쉽게 볼 수 있다. 현재 우리 상품이 이렇듯 전 세계를 누빌 수 있게 된 것은 처음부터 저절로 이루어진 것이 아니다.

우리의 선배들이 그동안 해외에서 그들의 젊음을 불사르고 고생을 하며 열심히 뛰어다닌 덕에, 이렇듯 짧은 시간에 전 세계시장으로 진출할 수 있는 발판을 마련하게 된 것이다.

이 이야기는 인터넷에서 떠도는 짧은 내용을 근거로 다시 각색한 것으로 사실 여부와는 상관이 없다. 이 사연을 통해 '지성이면 감천이다' 는 인생의 진리를 다시 한 번 강조하고 싶다.

Happiness Tip

'달걀로 바위 치기' 를 하다 보면 바위에 흔적은 남길 수 있다.
열 번 찍어 안 넘어가는 나무 없다.
단지, 진정성이 있는 도끼라야 한다. '
지성이면 감천이다' 라는 인생의 진리는
행복을 실어다주는 삶의 메시지가 될 수 있다.

때 묻지 않은 우리의 순수한 미소는
어디로 간 걸까

5. 만 남

초등학교를 졸업한지 40여 년이 지난 어느 날 미선이란 여자 동창생한테서 연락이 왔다. 너무 오랜만이고 뜻밖에 들은 이름이었다. 순간 하얀 피부에 흰 칼라의 블라우스를 받쳐 입고 5학년 때 서울에서 전학을 와 우리 반이었던 그녀의 뽀얗고 예쁜 얼굴이 떠올랐다. 그리고 반가운 마음이 들었다.

그녀의 하얀 피부는 까만 피부의 순수한 시골 남학생들에게는 흠모의 대상이었던 기억이 새롭게 떠올랐다. 갑작스런 그녀의 전화에 남몰래 가슴이 설렜다. 그리고 어떻게 변했을까를 상상하며 은근히 만날 날을 기다리며 밤잠을 설치기도 했다.

출장을 가는 날, 겸사겸사 여자 동창생을 만나기로 하고 약속 장소에 나갔다. 그러나 어린 시절의 앳되고 예뻤던 소녀를 찾으려 애를 써도 넓은 찻집 안에서는 쉽게 찾을 수가 없었다.

한참을 두리번거리고 있는데 누가 옆에서 "전인기 씨?" 하면서 말을 건네 온다. 반사적으로 소리 나는 쪽을 바라보았다. 거기에는 내가 찾는 소녀는 없었고, 금목걸이에 금팔찌에 금가락지를 몇 개씩 두른 할머니 한 분이 서 있었다.

"너, 전인기 맞지!"

"박미선!"

"그래, 나야! 넌 하나도 안 늙었구나."

내 앞에 서 있는 그녀의 모습은 어릴 때 순수한 소녀가 아니라, 짙은 화장과 보석으로 치장을 하고 값비싼 모피로 몸을 두르고 있는 할머니였다. 지난 40여 년 동안 서로 다르게 살아온 이야기와 초등학교 시절의 추억을 나누고 그녀와 헤어지며 나올 때의 느낌은 왠지 소중한 무엇인가를 잃어버린 느낌이었다.

때 묻지 않은 우리의 순수한 미소는 어디로 간 걸까

혼자서 집으로 돌아오는 내내 그게 무엇일까를 곰곰이 생각해보았다. 문득 '그녀의 몸에 붙은 보석과 모피가 소녀 시절의 밝은 웃음과 순수함을 빼앗아 간 것은 아닐까' 하는 생각이 들었다. 그러고 보니 그녀의 얼굴에는 그동안 살아온 삶의 치열한 흔적이 이기심과 욕심의 주름살로 뒤엉켜 있었던 것 같다.

오늘의 만남을 지우개로 지우고 싶은 것은 왜일까?

일제 강점기에 지었던 건물의 구멍 뚫린 교실 바닥과 키 큰 미루나무 그늘과 먼지가 풀풀 나는 넓은 운동장의 초등학교가 떠오르고, 당시에 함께 다녔던 친구들의 얼굴이 떠오른다. 영욱, 인규, 병오, 병규, 병석, 화란, 영문, 균호, 미숙, 은선, 미자, 숙희…….

많은 것이 부족하고 모자랐지만 항상 해맑은 웃음소리가 있었다. 그리고 축구공이 없어 주먹만한 고무공을 쫓아다니다 공을 찬다는 것이 헛발질로 고무신을 허공으로 날리기도 하고, 교실 바닥 통풍구에 들어가 귀신놀이를 하기도 하였다. 또 선생님께 야단을 맞으면서도 여자 아이들의 고무줄을 끊고, 치마를 들치며 아이스케끼를 하며 도망치고 뛰어다니기도 했다.

그렇게 철없이 웃어 대던 그 시절, 그때보다 지금은 더 많이 얻고, 더 많이 가진 것 같은데……. 무엇을 잃어버린 것일까? 내게 무엇을 주고 무엇을 앗아간 걸까?

보석과 모피가 때 묻지 않은 우리의 순수한 미소를 앗아가 버린 것이 아닐까? 오늘은 지난 추억을 꺼내 옛일을 생각하는데, 왜 입가에 씁쓸한 미소가 흐를까? 갑자기 그 시절의 해맑은 웃음소리가 듣고 싶어진다.

Happiness Tip

세월은 우리의 해맑은 미소를 앗아갈 수 있다. 치열하게 살더라도 순수함은 잃지 말아야 하는 삶의 지혜가 필요하다.
행복은 때로는 어린 시절 때 묻지 않은 우리의 웃음소리에 담겨 있다.

브란트 전 독일 총리의
폴란드 방문 때 있었던 일

브란트의 무릎 꿇기와 이해

6. 백 마디 말보다 한 가지 행동이 멋진 사람

최근 많아진 채널만큼 말이 많다. 그 쏟아내는 말들이 하나라도 행동으로 옮겨졌으면 하는 마음이다. 오늘도 TV는 놀랄 만큼 큰 사건들을 쏟아 내고 있다. 그 여러 사건 중에도 모 기업 사장의 죽음과 그가 남긴 8인의 명단, 그리고 반복되는 국무총리의 언어 실수가 특히 눈길을 끈다.

우리 주변을 둘러보면 흔하지는 않지만, 남자가 봐도 여자가 봐도 멋진 사람이 있다. 그 사람들은 말을 잘하는 것도 아니고, 얼굴이 예쁜 것도, 지위가 높은 것도, 유명인도 아니며 유행하는 옷을 잘 입는 것도 아니다.

멋진 사람은 입에서 나오는 한 마디가 거짓이 아닌 참을 이야기하는 솔직한 사람, 그리고 그 참을 행동으로 표현할 줄 아는 사람이라고 얘기하고 싶다.

지리적으로 우리와 가장 가까이 있는 일본은 세계 일류 멋진 국가로 발돋움 하겠다고 몸부림치면서 유엔의 상임이사국에도 도전하고 있다. 그러나 멋진 국가가 무엇인지 모르는 그들에게 우리가 한 수 가르쳐 줘야 할 것 같다.

우리의 과거사에 대해 '유감'이라 표현하던 그들이 이젠 그 말조차 하지 않고, 정말 뻔뻔하게 국가 수상이 막말을 하고 있다. 독도 문제, 위안부 문제, 침탈 문제 등을 자기네 입맛에 맞게 각색하여 하고 싶은 대로 쏟아 내고 있다. 그런 그들을 보면 아직 멋진 국가, 아니 그들이 주장하는 일류 국가가 되기에는 멀지 않았나 하는 생각을 해본다.

브란트 전 독일 총리의 폴란드 방문 때 있었던 일

필자는 '브란트의 무릎 꿇기(Kniefall in Warschau)' 사례를 들어 후안무치(厚顔無恥)인 일본 수상 아베에게 어떤 것이 멋진 국가 지도자이고 일류 국가인지를 알려 주려 한다. 폴란드 국민들도 독일로부터 받은 상처와 분노가 일본으로부터 상처받은 우리 못지 않다고 한다. 그런데 지금의 폴란드 국민들의 감정이 우리보다 많이 순화되었고 평화로워 보이는 것은 처음부터 그랬던 것이 아니라, 독일의 멋진 지도자 빌리 브란트 총리가 있었기 때문이다.

빌리 브란트 전 독일 총리는 1970년 독일과 폴란드의 관계를 정상화하고, 바르샤바 조약을 체결하기 위해 폴란드를 방문한다. 독일의 총리가 방문하는 그날따라 두 나라의 관계를 슬퍼하듯 궂은비가 계속 내리고 있었다. 빌리 브란트 총리를 환영하는 폴란드 국민은 없었고, 모두 냉소와 비난을 하면서도 원수 같은 나치의 총리가 어떤 일을 하는지 생중계 되고 있는 TV를 지켜보고 있었다.

그런데 브란트 총리가 나치 기념관에 안내 되었을 때, 폴란드 국민들뿐만 아니라 TV를 보던 전 세계 시청자들은 믿을 수 없는 장면을 목격하게 된다.

브란트 총리가 수행원이 받쳐주는 우산도 마다하고, 내리는 비를 맞으며 질퍽하게 젖은 차가운 바닥에 털썩 무릎을 꿇고 참회의 눈물을 흘리고 있었기 때문이다. TV로 이 장면을 지켜보던 폴란드 국민들도 뜨거운 감동의 눈물을 흘리며 가슴 속의 응어리를 풀게 되었다고 한다.

'브란트의 무릎 꿇기'와 아베

브란트 총리가 무릎을 꿇는 장면에 온 세계의 시선이 집중되었다. 이제 온 세계는 국가 권력의 최고 지도자인 총리가 무릎을 꿇은 것을 보고, 독일의 진정성을 알고 이해하는 계기가 되었다.

그리고 그것은 화해의 상징으로 받아들여졌고, '브란트의 무릎 꿇기'로 회자되는 사건으로 남아 백 마디 말보다 한 가지 행동이 중요함을 보여 주는 사례가 되었다.

아베 총리는 빌리 브란트 독일 총리의 행동을 보고, 멋진 국가 지도자가 취해야 할 행동이 무엇인지를 한 수 똑똑히 배웠으면 하는 바람이다.

너무 많은 말을 쏟아 내고 있는 종편 속의 중심인물들 그 분들에게도 한 마디 하고 싶다. 이제는 백 마디의 말보다 한 가지의 행동으로 멋진 사람이 되어 달라고…….

참의 단어는 모르고 거짓만 아는 일본 아베 수상 같은 사람이 아니라, 진정 참을 이야기하고 그 말에 책임을 지고 행동할 줄 아는 브란트 같은 멋진 사람이 나와 주기를 기대하는 것은 나만의 욕심일까?

Happiness Tip

백 마디의 말보다
한 가지의 행동으로 실천하는 멋진 사람이 많아지면,
세상은 행복으로 가득 차게 된다.

7. 결혼하는 아들에게 무슨 이야기를

아들의 결혼 시기가 되다 보니 '아빠로서 무슨 이야기를 해줘야 어려움에 처했을 때 아빠를 기억하며 어려움을 슬기롭게 헤쳐 나갈 수 있을까?' 하는 생각을 하게 된다.

필자가 결혼할 때 아버님께서 일러 주신 이야기가 생각난다.

"고부관계란 하늘에서 내린 천적이니, 네가 잘해야 한다. 그리고 항상 네 처의 말을 들어 주도록 하라."

이렇게 현명하고 지혜로운 남편 역할에 대해 들려 주셨던 아버님 말씀이 기억난다. 시대를 뛰어 넘어, 예나 지금이나 조심스런 고부관계 이야기를 해보자.

어떤 마을에 지혜롭기로 소문난 현명이란 사람이 어머니를 모시고 함께 살았다. 그런데 아내와 어머니의 관계가 너무 심각해 현명 씨는 남편과 아들 입장에서 숨을 쉬고 살 수가 없었다. 어머니는 며느리 욕을 동네방네 하고 다니고, 아내는 아내대로 시어머니 욕을 하고 다니면서 눈만 뜨면 기 싸움에 남편으로써 어찌할 바를 모르고 있었다.

어느 날, 고부간의 싸움에 지친 남편 현명 씨는 어찌 하면 좋을까 고민을 하던 중, 자신의 아내가 점치는 것을 좋아한다는 것을 알게 되었다. 그러고 나서 현명 씨는 아내를 불렀다.

"여보! 새해도 되었는데 금년의 우리 집 1년 운세 좀 보고오시구려. 건너 마을에 있는 점쟁이가 아주 용하다는 소문이 자자하던데. 돈 좀 벌 수 있는지? 또 어떻게 하면 당신과 어머니 사이가 좋아지게 할 수 있는지 점쟁이에게 찾아가 물어 보면 어떻겠소. 혹시 좋은 비책이라도 일러줄지 아오."

고부관계로 너무 힘들었던 아내는 남편 말을 듣고 속으로 이렇게 생각했다.

'그래, 내가 이대로 살다가는 몇 년 살지 못하고 스트레스로 죽을 수도 있어. 어떤 해결 방법을 찾아야 해."

점쟁이가 알려준 비책

이튿날 아내는 새벽부터 점쟁이를 찾아갔다.

"우리 시어머님의 시집살이가 너무 심하고 못살게 굴어 정말 힘이 들어 견딜 수가 없어 죽을 지경입니다. 어찌 해야 할까요? 비책 좀 알려 주세요."

점쟁이는 자신을 찾아와 간절히 원하는 며느리를 조심스럽게 살펴보고는 이렇게 물었다.

"정말 그렇게 시어머니와 뜻이 맞지 않아? 시어머니가 싫어?"

"네, 차라리 누구 하나가 없어져야 할 것 같습니다. 내가 죽든지 어머님이 죽든지 사생결단이 나야 할 것 같습니다."

그 말을 들은 점쟁이는 긴 한숨을 내쉬며 말했다.

"그럼 내가 처방을 일러 줄 테니 어떤 일이라도 따라 하겠나? 무서운 일이 생긴다 해도?"

이렇게 시집살이를 시키는 시어머니랑 사느니 차라리 죽는 게 더 낫겠다는 생각을 했던 며느리는 어떤 일이라도 좋으니 시어머니를 보지 않고 살 수 있게 해달라고 청하였다.

그때 한참 주술을 외던 점쟁이가 드디어 입을 열었다.

"그럼 내가 비책을 일러 줄 터이니 내가 일러준 비책대로 꼭 해야 하네. 그러면 시어머니가 오래 살지 못하고 일찍 돌아가시게 되어 자네가 시어머니를 모시고 살지 않아도 돼. 그런데 이것은 절대 비밀리에 해야 하고 시작을 하면 반드시 끝까지 해야 되네. 내가 일러 준 이 비책이 누설되거나 중간에 그만 두기라도 한다면 너는 물론 네 자식까지도 신령님으로부터 큰 벌을 받을 것이야. 그래도 하겠어?"

며느리는 다소 겁이 났지만, 시어머니가 일찍 돌아가시게 되어 시어머니를 보지 않고 살 수 있다는 처방이라기에 비책을 일러 달라고 청하였다. 점쟁이는 한참동안 방울을 흔들며 주술을 외우고는 사뭇 진지하게 이른다.

"이 봐! 다시 한 번 부탁하는데 이 비책의 비밀은 절대 꼭 지켜야 하고, 시작하면 끝까지 시행을 해야 돼. 그렇지 않으면 너와 네 아들이 상해. 알았지?"

점쟁이는 또 다시 부탁을 하고 재차 이른다.

"이 아래 시장에 가면 알밤을 팔지? 그 알밤 가게에 가서 밤 한 말을 사. 그리고 몰래 감춰놓고 한 끼에 반드시 세 톨씩만 까서 시어머니 밥 속에만 몰래 묻어 넣어. 시어머니만 잡수게 해봐. 그러면 그 밤이 다 떨어질 때쯤 되면 시어머니는 살이 피둥피둥 찌게 되어 당뇨병으로 죽게 될 것이야. 그런데 절대 다른 사람은 이 밤을 먹으면 안 되니, 꼭 시어머니 혼자 만 드시게 해야 돼. 알았어? 내 말 명심하게."

점쟁이는 말을 마치고 가보라며 내 쫓는다. 며느리는 시어머니가 죽는다는 말에 잠시 망설였다. 그러다가 그래도 시어머니로부터 시집살이를 당하지 않고 살 수 있다는 생각에 있는 돈, 없는 돈을 긁어모아 알밤을 사 아무도 몰래 숨겨 놓았다. 그리고 매일 매끼마다 세 톨씩의 밤을 까서 시어머니 밥 속에만 넣어 주어 시어머니 혼자만 먹을 수 있게 하였다.

처음에는 생각 없이 드시던 시어머니가 웬일인가 싶어 다른 사람의 밥 속을 살폈다. 그러다가 자신의 밥 속에만 밤이 있는 것을 발견하고, "이게 왜 내 밥 속에만 있는 것이냐? 이거 나만 먹고 죽으라는 것이냐?" 하며 손자에게 알밤을 꺼내 주려하신다.

그 광경을 본 며느리는 기겁을 하며 손사래를 치면서 말했다.

"어머님, 요즘 어머님 몸이 너무 허약해 처방을 받아 드리는 약인데 다른 사람과 나누어 먹게 되면 약 효과가 없어지게 된답니다. 그러니 손자는 주지 마시고 혼자 드셔야 합니다."

오는 말이 고우면 가는 말도 곱다

시어머니는 며느리의 이야기를 들으며 웬일인가 싶으면서도 고맙다는 생각을 하기 시작하였다. 때로는 손자가 울면서 시어머니의 밥 속에 든 밤을 달라고 떼를 써도, 며느리는 저것은 약이니까 너는 먹으면 안 된다며 아들을 안고 밖으로 나간다.

그런 일이 있은 뒤로 손자가 밥상에서 종종 밤을 달라고 떼를 쓰기 시작했다. 그러니까 며느리는 아예 시어머니가 편안하게 진지를 드시라며 아기를 밖에서 데리고 있다가, 시어머니가 밥을 다 먹은 후에 들어오기까지 하였다.

시어머니는 그 모습을 보고 저렇게 내게 지극 정성으로 하는 며느리에게 내가 너무 못되게 굴었구나 싶어 깊은 반성을 하게 되었다. 점점 시어머니의 태도가 바뀌기 시작하였다. 집안일을 혼자서 다해야 하는 며느리는 혼자서 아기를 업고 밥하고, 설거지하고, 빨래하고, 청소하고, 애기 보느라 하루가 정신없이 지나갔다.

그러던 어느 날 아기를 업고 빨래를 하는데 시어머니가 다가와, "애야! 애기는 이리 다오. 내가 봐 주마"하며 등에 업힌 아기를 쑥 빼간다. 그리고 태도가 바뀐 시어머니는 한 번도 봐주지 않던 손자를 등에 업고 빨래를 하기도 하고, 청소를 하기도 하며 곁에서 도와주기 시작했다. 말없이 도와주는 시어머니의 행동에 며느리의 일은 절반으로 줄어 점점 수월해지게 되었다.

하루는 시어머니가 손주를 업고 마실을 나간 사이 며느리가 빨래터에서 빨래를 하고 있었다. 그런데 빨래터에 모인 사람들이 한 마디씩 이야기를 한다.

"아니, 새댁! 새댁이 시어머님께 그렇게 잘한다며. 시어머니가 이 빨래터에 나오기만 하면 며느리 자랑에 침이 마르는데……, 어떻게 해서 그런가? 우리에게도 비법 좀 가르쳐 주게."

빨래터에 나온 모든 사람들의 칭찬과 찬사가 쏟아졌다.

며느리는 처음엔 어안이 벙벙했다. 그러나 만나는 사람마다 시어머니가 며느리 칭찬에 목숨을 거는 것처럼 보인다며 어떻게 하면 그렇게 되느냐는 인사를 받자, 시어머니에게 죄송한 생각이 들기 시작하였다. 그리고 틈만 나면 자신의 일을 도와주는 시어머니가 고맙기까지 하여, 시어머니에게 진심에서 우러나는 마음으로 정성껏 봉양하기 시작하였다.

가화만사성(家和萬事成)

그렇게 몇 달이 지나는 사이, 숨겨둔 알밤이 점점 줄어 다 떨어져 가고, 정말로 시어머니의 얼굴이 뽀얗게 되면서 하얀 속살이 찌는 듯이 보였다. 며느리는 걱정이 되기 시작했다. 이 알밤이 다 떨어지면 우리 어머님이 돌아가시게 되는데, 어찌 하면 좋을까?

누구에게도 이 사실을 이야기하지 말라는 점쟁이의 말 때문에 말도 못하고 혼자서 끙끙 대면서 잠도 설치게 되었다.

'아니, 이렇게 좋으신 어머님한테 내가 그동안 너무 잘못했구나. 어머님을 내가 돌아가시게 하다니, 난 천벌을 받을 거야. 어찌해야 좋을까? 어찌해야 어머님을 살릴 수 있을까?'

말 못할 비밀을 혼자만 끌어안고 뒤척이며 잠을 못 이루고 있는 모습을 본 남편이 어느 날 물었다.

"무슨 고민이 있어? 그러면 점쟁이를 찾아가봐. 용하다고 하니 해결할 수 있을 거 아냐."

남편의 말을 들은 며느리는 그렇구나 싶어 점쟁이를 다시 찾아갔다.

"선생님! 알밤이 다 떨어져 갑니다. 우리 시어머님이 돌아가시면 안 되는데, 어떻게 해야 되나요? 우리 시어머님이 돌아가시지 않게 도와주세요."

그 말을 들은 점쟁이는 한참 며느리를 응시하다가 이렇게 물었다.

"정말 시어머님이 죽지 않았으면 좋겠어? 그렇게 죽길 바라더니."

며느리가 힘없이 그렇다고 대답을 하자, 점쟁이는 말을 이어갔다.

"그러면 다시 처방을 줄 테니 잘 지켜. 알았냐? 오늘 집에 가면서 밤 한 말을 더 사. 그리고 그 밤이 떨어지지 않게 지금처럼 계속한다면 시어머님은 돌아가시질 않을 거야. 내 말 명심하고 잘 지키면 시어머니는 백수까지 장수할 거야."

그 말을 들은 며느리는 시장으로 달려가 밤을 사다 살강 밑에 다시 묻고 아무도 주지 않으면서 매일 매끼마다 세 톨씩의 밤을 시어머니 밥 속에만 묻어 주게 되었다.

고부관계가 해결 되자 현명 씨 집안은 웃음꽃이 피어나게 되었다. 그리고 그 웃음 뒤에는 무속인과 짜고 조정을 한 지혜로운 남편이 있었던 것이다. 그 후로도 오랫동안 현명한 남편은 어머니와 아내 사이에서 가족애를 느끼면서 행복하게 잘 살았다는 이야기다.

고부관계에서 중간 역할을 잘해야 하는 아들의 입장을 헤아리고, 시어머니와 며느리가 먼저 나서 주면 더 좋겠지만, 그렇지 않은 경우가 더 많은 게 현실이다. 다행히 지금은 경제 성장만큼 고부관계가 많이 좋아지고 있다고 한다. 그러나 아직도 고부관계 속에서 고민하고 있는 많은 남성들은 남편과 아들의 역할을 어찌해야 할 것인가

깊이 생각해야 할 것이다.

'가화만사성(家和萬事成),' 즉 집안이 화목하면 모든 일이 잘 이루어진다는 말도 있듯이, 남편으로서 고부관계를 원만하게 이루어지도록 하는 것도 남자의 능력이고 성공이 아닐까? 고부관계의 문제를 잘 해결할 수 있는 남자로 성공해 보자.

Happiness Tip

집안이 화목하면 모든 일이 잘 이루어진다.
행복은 화목한 가정에서부터 시작된다.

함께 어울려 사는 사회

8. 남의 이야기에 귀를 기울이면 행복한 세상이 온다

카네기는 세상을 살면서 성공하기가 참 쉽다고 했다. 그 비결은 내가 좋아하는 것을 남들에게 원하지 말고, 남들이 좋아하는 것을 10%만 들어준다면 성공할 수 있다고 했다.

그러나 대부분의 사람들은 자기 말만 들어 달라 요구하고, 자기주장만 옳다고 주장한다. 그리고 자신의 잘못에는 한없이 관대하면서, 남의 작은 잘못에는 엄격한 비판의 칼을 들이대는 편협함을 가지고 있는 경우가 허다하다.

저만 잘났다고 큰소리치며 뽐내는 손가락들이 우리 사회를 풍자한 이야기가 있다.

옛날 손가락 마을에 엄지, 검지, 중지, 약지, 새끼손가락 등 손가락 5형제가 살고 있었다. 어느 날, 손가락 5형제가 모여 서로 잘났다고 한참 논쟁을 벌이면서 엄지가 먼저 입을 열었다.

엄지 : 너희들이 다들 잘났다고 우기고 주장하는데, 너희들 일등을 표현할 때 어떻게 하지? 일등을 표현할 때 이 엄지를 추겨 세우면서 엄지로 표현하잖니? 그러니까 내가 최고야. 그러니 앞으로 나를 형님으로 모시도록 해라 알았니?

하면서 자신이 최고라고 은근히 자랑을 시작한다. 그러자 바로 옆에 있던 검지가 반발을 하며 입을 연다.

검지 : 아니, 엄지야. 너 그게 무슨 말이냐? 너, 저 앞에 보이는 소나무를 가리켜 봐. 어떻게 가리키니? 그래, 이렇게 검지로 가리키잖니? 그러니까 네가 최고가 아니라, 내가 최고야. 엄지 너, 최고가 누구인지 가리켜 봐?

검지 역시 지지 않겠다고 자신의 주장을 내세운다. 그러자 옆에 있던 중지가 한마디 하면서 끼어든다.

중지 : 아니, 누가 너희들 중 제일 키가 크니? 그리고 중요한 사람은 어디에 서지? 가운데에 서니? 옆쪽에 치우쳐 서니? 그래, 중요한 사람은 양쪽에 보디가드를 세우고 가운데 서는 것 아니야? 그러니까 우리 중에도 내가 제일 중요하니까 엄지와 검지가 오른쪽에서, 그리고 약지와 새끼가 왼쪽에서 나를 호위하고 있는 것 아니겠니? 그러니까 내가 최고란다.

그러자 다시 약지도 할 말이 많다는 듯이 입을 씰룩거리며 끼어든다.

약지 : 아니, 그게 무슨 소리야? 너희들 일생일대에 가장 중요한 결혼 약속을 하면서 주고받는 약혼반지를 어디에 끼는 줄 모르고 있었어? 이 약지 손가락에 끼고 약속하잖니? 그렇게 일생에 가장 중요한 약속을 할 때 누가 대표로 나섰겠니? 국가에서도 중요한 행사 때는 대통령이 나서고 약속에 서명하잖아. 그러니 우리 중 내가 제일 중요하기 때문에 내 손가락에 반지를 끼고 약속을 하는 것이지. 그러니까 내가 최고야.

그 때까지 조용히 듣고만 앉아 있던 새끼손가락이 입을 연다.

새끼손가락 : 너희들 내가 없으면 어떻게 되겠니? 내가 없다고 생각하고 손가락을 펴봐. 많이 허전하지. 사람들이 뭐라 하겠어? 병신이라고 하겠지? 그래 내가 없으면 병신이 되는 거야. 그러니까 내가 없으면 너희들이 아무리 잘났다고 우겨도 장애인이 되는 거야. 알았어?

그제야 지금껏 저만 잘났다고 우기며 큰 목소리를 내던 손가락들은 머쓱한 표정을 지었다. 하지만 그래도 자신들이 잘났다고 투덜대는 모습이다.

손가락을 비유해 우리 모습을 바라본 것처럼 우리 사회에는 스스로 잘났다고 하는 사람이나 열등감을 갖고 사는 사람이나, 키가 큰 사람이나 작은 사람이나, 중요한 일을 하는 사람이나 힘들고 고된 일을 하는 사람이나 모두 함께하고 있다. 그렇기 때문에 우리 사회가 건전한 사회가 아닌가 싶다.

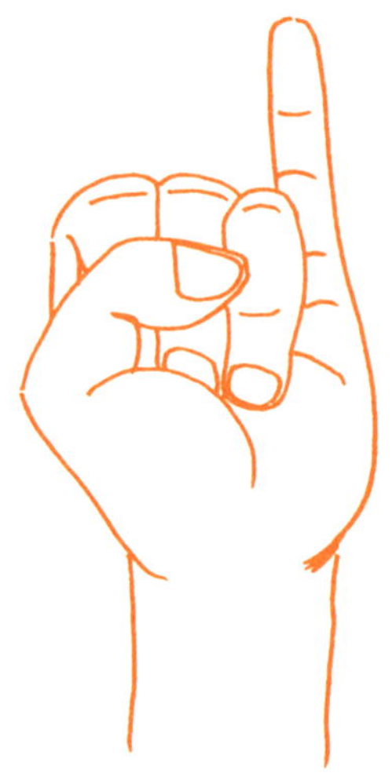

비록 보잘 것 없는 일을 한다하여도 그 일을 하는 사람이 있기에 이 사회가 굴러 가고, 그 사람들이 없으면 우리 사회에 많은 문제가 발생한다는 사실을 기억해야 한다.

남이 하는 일은 다 좋아 보이고 내가 하는 일은 허접하다고 생각하는 것도 문제지만, 저만 잘났다고 하는 것도 문제다.

세상을 원만하게 사는 것은 내가 좋아하는 것만으로 사는 것이 아니라, 남이 좋아하는 것을 인정하며 사는 것이다. 그것이 곧 사회

구성원으로 함께 어울려 사는 것이다. 그리고 성공할 수 있는 비결이고, 행복해지는 지름길이다.

Happiness Tip

인생은 경주가 아니다.
그래서 누가 1등으로 들어오느냐로 성공을 따지는 것이 아니라,
내가 얼마나 의미 있고 행복한 시간을 보냈느냐가
바로 인생의 성공 열쇠다.